O LIVRO DE RECEITAS DE HOGWARTS

- Não Oficial -

75 Receitas para um Ano
Repleto de Celebrações Mágicas

RITA MOCK-PIKE

Tradução: Adriana Krainski

Belas Letras

Copyright © 2020 Ulysses Press e licenciadores.
Título original: The Unofficial Hogwarts for the Holidays Cookbook.

Nenhuma parte desta publicação pode ser reproduzida, armazenada ou transmitida para fins comerciais sem a permissão do editor. Você não precisa pedir nenhuma autorização, no entanto, para compartilhar pequenos trechos ou reproduções das páginas nas suas redes sociais, para divulgar a capa, nem para contar para seus amigos como este livro é incrível (e como somos modestos).

Este livro é o resultado de um trabalho feito com muito amor, diversão e gente finice pelas seguintes pessoas:
Gustavo Guertler (*publisher*), Germano Weirich (edição), Adriana Krainski (tradução), Maristela Deves (preparação), Fernanda Lizardo (revisão) e Celso Orlandin Jr. (adaptação da capa e do projeto gráfico).
Obrigado, amigos.

2023
Todos os direitos desta edição reservados à
Editora Belas Letras Ltda.
Rua Visconde de Mauá, 473/301 – Bairro São Pelegrino
CEP 95010-070 – Caxias do Sul – RS
www.belasletras.com.br

Dados Internacionais de Catalogação na Fonte (CIP)
Biblioteca Pública Municipal Dr. Demetrio Niederauer
Caxias do Sul, RS

M687L	Mock-Pike, Rita
	O livro de receitas de Hagwarts: não oficial / Rita Mock-Pike, tradução de Adriana Krainski. - Caxias do Sul, RS: Belas Letras, 2023.
	176 p. il.
	ISBN: 978-65-5537-292-2
	ISBN: 978-65-5537-300-4
	Tradução de: The Unofficial Hagwarts Cookbook
	1. Receitas culinárias. 2. Livro de receitas. I. Título. II. Krainski, Adriana.
23/33	CDU 641.55

Catalogação elaborada por Rose Elga Beber, CRB-10/1369

NOTA IMPORTANTE AOS LEITORES: Este livro é uma publicação independente e não autorizada feita por fãs da obra. Não há qualquer apoio, patrocínio ou afiliação a J.K. Rowling, seus editores ou outros detentores de direitos autorais e marcas registradas. Todas as referências feitas neste livro a personagens licenciados ou marcas registradas e outros elementos dos livros de J.K. Rowling são apenas para fins de comentários, críticas, análises e discussões literárias. As obras de J.K. Rowling mencionadas neste livro são publicadas pela Scholastic Books (EUA), Raincoast Books (Canadá), Bloomsbury Publishing (Reino Unido) e Rocco (Brasil), e incentivamos os leitores a comprar e ler seus livros.

Para fãs de mentes mágicas de todos os cantos do mundo

Sumário

Introdução 8

Receitas de outono 10

Lanches para uma viagem de trem 12

SANDUÍCHE DE CARNE 15
TORTINHAS DE ABÓBORA 16
BOLOS DE CALDEIRÃO 18
VARINHAS DE ALCAÇUZ 20
DIABINHOS DE PIMENTA 21
CHOCOBOLAS RECHEADAS DE MUSSE DE MORANGO
   E CREME COZIDO 23
NUGÁ 26
SANDUÍCHES DE SORVETE 28
TORTAS DE ABÓBORA 30
SAPOS DE CHOCOLATE 31

Banquete de início de ano 32

PRATOS À BASE DE CARNE 35
  CARNE ASSADA 35
  COSTELETAS DE PORCO FANTÁSTICAS 36
  LINGUIÇAS ENROLADAS COM BACON 39

ACOMPANHAMENTOS 40
  PUDIM DE YORKSHIRE 40
  PURÊ DE BATATAS 42
  MOLHO DE CARNE CLÁSSICO 43

SOBREMESAS 44
  PUDIM DE GROSELHAS 44
  ARROZ-DOCE 46
  BOLO DE CHOCOLATE 49
  PAVÊ DE MORANGO 51
  TORTAS DE MELAÇO 52
  ROSQUINHAS COM GELEIA 54

Chá às margens da floresta 56
    PÃES FRESCOS 58
    BISCOITOS DE PEDRA 60
    ESCONDIDINHO DE CARNE SEM GARRAS ... 61

Dia das Bruxas 62
    BOLO DE CENOURA 64
    ABÓBORA ASSADA 66
    CACHOS DE BARATAS 67
    FATIAS DE MAÇÃ CARAMELADAS 68

Uma festa fantasmagórica 70
    PEIXE ASSADO 72
    ENSOPADO ESTILO HAGGIS 73
    BOLO RED VELVET DE ANIVERSÁRIO COM
        COBERTURA ACINZENTADA 74

Receitas de inverno 76

Natal 78
    MUFFINS INGLESES 80
    PERU ASSADO 83
    SANDUÍCHE DE SOBRAS DE PERU 85
    LINGUIÇA AGRIDOCE 86
    MOLHO DE CRANBERRY 87
    PUDIM DE NATAL 88
    CALDA DE CARAMELO 89
    GEMADA 90
    PAVÊ 91
    UM BOLO DE NATAL ENVIADO POR CORUJAS 92
    BARRINHAS CASEIRAS DE CARAMELO 95

Baile de inverno 96
    BOUILLABAISSE 99
    GULACHE 100
    COQUETEL DE CAMARÃO 102
    MANJAR BRANCO 103

Ano-Novo 104
CROCANTE DE DOCE DE LEITE 106
TORTA DE FRUTAS SECAS E NOZES 108

Receitas de primavera 110

Chá de Dia dos Namorados 112
BOLOS APAIXONADOS 115
BISCOITOS EM FORMATO DE CORAÇÃO 116
SANDUÍCHES PARA ACOMPANHAR O CHÁ 119

A coruja traz delícias 120
PRESUNTO GLACEADO 122
UMA DÚZIA DE BOLOS (PÃEZINHOS DOCES) 124
SALADA DE FRUTAS FRESCAS 125

Páscoa 126
OVOS DE PÁSCOA RECHEADOS DE CARAMELO 128

O clássico café da manhã do castelo 130
ARENQUE DEFUMADO 132
OVOS E BACON 134
MINGAU 135

Receitas de verão 136

Aniversário do primo 138
HAMBÚRGUER 140
SORVETÃO GIGANTE 141

Jantar importante do tio 142
LOMBO DE PORCO ASSADO 144
BOLO VIOLETA AÇUCARADO 146

Um aniversário em 31 de julho 148
    BOLO DOURADO NO PALITO 150

Um jantar na Copa do Mundo 152
    TORTA CREMOSA DE FRANGO E PRESUNTO 155
    SALADA DE VERÃO 158
    SORVETE DE MORANGO 159

Bebidas para qualquer estação 160
    CERVEJA AMANTEIGADA 162
    SUCO DE ABÓBORA 163
    UÍSQUE FLAMEJANTE 164
    SORTE LÍQUIDA 165
    ÁGUA DE GILLY 166
    SODA COM XAROPE DE CEREJA 167
    SUGA-ALMAS 168
    POÇÃO DE GELO 169
    CHOCOLATE QUENTE 170
    SUCO DE LARANJA COM GÁS 171
    COQUETEL DE POÇÃO POLISSUCO 172

Conclusão 173

Agradecimentos 174

Sobre a autora 175

Introdução

OBSERVAÇÃO

Para maior conexão com o universo mágico de Hogwarts, optamos por manter a mesma distribuição das receitas do original. Como as estações do ano no hemisfério norte são diferentes das nossas, você pode notar por exemplo que o Natal cai no inverno, igualzinho à sua saga favorita. Sempre é tempo de magia!

ATENÇÃO

Embora o livro seja recomendado para todas as idades, há receitas que incluem bebidas alcoólicas, que devem ser apreciadas apenas por trouxas adultos. Incluímos um selinho indicando quais são essas receitas!

Não importa se você cresceu lendo a saga ou começou a ler recentemente, há algo no mundo mágico de Hogwarts que certamente conquistou seu coração, assim como fez com milhões de fãs em todo o mundo. Não importa se você tem a sagacidade de uma cobra, a coragem de um leão, a inteligência de uma águia ou a lealdade de um texugo: todos que revisitam essas histórias têm a sensação de estar voltando para um lugar familiar, como se estivessem voltando para casa.

Durante suas aventuras, nossos personagens favoritos enfrentaram desafios, dores, perigos e inúmeras provações mágicas. Foi nesses momentos que eles amadureceram, fortaleceram amizades e adquiriram aprendizados que vão além da bruxaria e da magia. São preciosas memórias que guardamos em nossos corações e que recordamos com carinho ao reler aquelas páginas que tanto amamos.

Mas o que a comida tem a ver com isso? Como alguns dos momentos mais memoráveis dos livros aconteceram durante as refeições e festas no castelo, por que não se reconectar com o seu mundo mágico favorito e recriar aqueles pratos icônicos na sua própria cozinha?

Este livro de receitas foi organizado por estações do ano e, em seguida, subdividido por tipo de festividade. Nele, você encontrará uma seleção especial das refeições feitas nas festas mais importantes celebradas no castelo (e durante as férias de verão), desde os doces de abóbora que eram preparados no outono até os doces em formato de coração que adoçavam a primavera. E, como manda a tradição de Hogwarts, a maioria dos pratos dos banquetes é inspirada na tradição da culinária caseira britânica, sem deixar de lado as deliciosas sobremesas.

No caso dos pratos mais complicados, você verá que as receitas foram simplificadas para que você possa prepará-las com mais facilidade, mesmo se não puder contar com a ajuda de uma varinha ou de um caldeirão que mexe sozinho. Dito isso, com este livro em mãos, você será capaz de preparar pratos com um sabor tão mágico quanto aqueles que você conheceu nos seus livros favoritos. Esperamos que você faça do *Livro de Receitas de Hogwarts* uma referência constante em todas as estações do ano!

Receitas de outono

Ah, o outono! Nada se compara às maravilhas dessa estação: um friozinho no ar, os dias mais curtos e as noites mais longas, o aroma das folhas e da neblina, uma paisagem colorida em tons de laranja, vermelho e amarelo.

Enquanto alguns trouxas podem lamentar o fim do verão e temer o início de mais um ano letivo, jovens bruxas e bruxos sentem uma ansiedade empolgante pelo início de mais um ano de aulas no castelo. Novas aventuras os aguardam e, mesmo com deveres de casa, aulas intermináveis e muitas provas, o ano reserva também novas amizades, novas realizações e, é claro, muitas festas!

Lanches para uma viagem de trem

Ficar observando a paisagem dos campos durante uma longa viagem de trem pode deixar qualquer um com fome! Acomode-se em seu assento, converse com os seus amigos e delicie-se com os diversos petiscos salgados e doces disponíveis a bordo da locomotiva a vapor vermelha.

Sanduíche de carne

Embora o nosso querido amigo ruivo, conhecido por usar roupas de segunda mão, não seja um grande fã de sanduíches de carne enlatada, aqui temos uma opção perfeita para você comer durante uma viagem. Você vai se deliciar com este lanche substancioso, saboroso e com diversas opções de personalização.

1. Preaqueça uma frigideira de ferro em fogo médio.
2. Para fazer o molho, misture todos os ingredientes em uma tigela pequena. Reserve.
3. Passe manteiga em um lado de cada fatia de pão.
4. Coloque o pão na frigideira, com o lado da manteiga virado para baixo.
5. Coloque uma fatia de queijo gruyère em cima de cada fatia de pão na frigideira.
6. Acrescente a carne enlatada em metade das fatias de pão (cerca de 100 g em cada uma delas).
7. Coloque ¼ de xícara de chucrute sobre cada uma dessas fatias de pão e cubra com cerca de ¼ do molho que você preparou.
8. Feche os sanduíches com as outras fatias de pão, com o lado da manteiga voltado para cima.
9. Vire o sanduíche e deixe dourar por mais 1 ou 2 minutos, até que os dois lados estejam bem dourados.
10. Retire do fogo e sirva imediatamente.

> **OBSERVAÇÃO**
>
> A melhor forma de virar os sanduíches é usando uma pinça ou 2 espátulas ou colheres de madeira. Aperte bem o pão antes de virar, para que o recheio não caia.
>
> Se você quiser substituir a carne enlatada, pode usar salame. O sabor ficará muito parecido.

Rendimento
4 Sanduíches

Tempo de preparo
5 minutos

Tempo de cozimento
5 minutos

Molho

½ xícara de maionese
1 colher (sopa) de líquido de conserva de pepino
1 colher (chá) de relish de pepino
1 colher (chá) de suco de limão
1 colher (chá) de raiz forte

Sanduíches

3 a 4 colheres (sopa) de manteiga amolecida
8 fatias de pão de centeio
8 fatias de queijo gruyère
450 g de carne enlatada cozida, cortada em fatias finas
1 xícara de chucrute, escorrido

Tortinhas de abóbora

As tortinhas de abóbora são uma tradição de outono no mundo mágico. Quentinha, com o sabor delicioso da abóbora da estação, essa sobremesa famosíssima certamente agradará a todos os paladares. Além disso, como o recheio fica protegido por uma deliciosa crosta dourada e crocante, você pode levar essas tortinhas para qualquer lugar. Perfeitas para um passeio de trem!

1. Misture todos os ingredientes do recheio em uma tigela, mexendo até ficar bem homogêneo.
2. Para fazer a massa, coloque a farinha, o açúcar e o sal no copo do processador de alimentos. Pulse várias vezes até ficar homogêneo.
3. Jogue os pedaços de manteiga e gordura vegetal por cima da farinha e pulse o processador cerca de 15 vezes até que tudo esteja bem homogêneo, parecendo uma farofa grossa e úmida. Não pode sobrar nenhum resquício de ingredientes secos.
4. Transfira para uma tigela grande.
5. Acrescente 4 colheres (sopa) de água fria sobre a mistura e mexa com uma espátula até a massa começar a se juntar. Se estiver muito seca, adicione mais água, 1 colher (sopa) por vez, até obter uma textura lisa.
6. Faça uma bola com toda a massa e achate-a, formando um disco.
7. Embrulhe o disco em plástico-filme e leve à geladeira por 1 hora.
8. Quando a massa estiver fria, preaqueça o forno a 200°C.
9. Estique a massa, deixando-a com 3 mm de espessura.
10. Use um pires, prato de sobremesa ou tigela para cortar círculos de 15 cm de diâmetro.
11. Coloque 1 a 2 colheres (chá) de recheio em cada disco e dobre a massa, formando uma meia-lua.
12. Umedeça as bordas de cada disco com água e aperte com um garfo para fechar.
13. Faça pequenos cortes em cada tortinha para criar um orifício para o ar quente sair.
14. Asse as tortinhas em uma assadeira sem untar por 30 minutos ou até dourar.

Rendimento	Tempo de preparo	Tempo de cozimento	Tempo de descanso
6 tortinhas	15 minutos	30 minutos	1 hora

Recheio
1 xícara de purê de abóbora
1 maçã verde picada
¼ de xícara de açúcar
1 pitada de noz-moscada moída
1 pitada de canela em pó

Massa da torta
1¼ de xícara de farinha de trigo
1 colher (sopa) de açúcar
¼ de colher (chá) de sal
5 colheres (sopa) de manteiga gelada, cortada em pedaços
3 colheres (sopa) de gordura vegetal gelada, cortada em pedaços
4 a 6 colheres (sopa) de água gelada

Bolos de caldeirão

Esta é uma versão divertida do bolo de caldeirão: um cupcake de chocolate irresistível coberto com um glacê alaranjado flamejante. E o melhor de tudo é que são tão fáceis de fazer que qualquer pessoa pode se arriscar na cozinha!

1. Preaqueça o forno a 180°C. Unte uma fôrma de muffins e reserve.
2. Misture a farinha, o cacau em pó, o bicarbonato de sódio, o fermento em pó e o sal em uma tigela média.
3. Em outra tigela, misture o óleo e o açúcar até ficar homogêneo.
4. Adicione o ovo e a baunilha ao óleo com o açúcar e bata até ficar homogêneo.
5. Adicione ⅓ dos ingredientes secos misturados e mexa bem. Adicione metade do leite e misture mais uma vez.
6. Adicione mais ⅓ dos ingredientes secos misturados e misture de novo. Adicione a segunda parte do leite e misture bem.
7. Por fim, adicione o restante da mistura de farinha e mexa até homogeneizar.
8. Coloque a massa nas forminhas de muffin, enchendo apenas até a metade da altura. Asse por 12 a 15 minutos ou até que um palito inserido no meio do bolo saia limpo.
9. Retire os cupcakes do forno e, usando uma faca, retire-os da fôrma e passe-os para uma grade para esfriar. Deixe esfriar completamente.
10. Enquanto os cupcakes esfriam, misture todos os ingredientes do recheio em uma panela pequena e leve ao fogo médio. Mexa bem até a cobertura engrossar, por cerca de 7 minutos, depois retire do fogo e deixe esfriar completamente.
11. Usando uma batedeira, bata o recheio por 5 minutos, até ficar fofo e aerado.
12. Quando o recheio estiver bem aerado, faça buracos nos cupcakes usando o polegar ou uma colher pequena, de forma a criar uma cavidade dentro de cada cupcake.
13. Encha as cavidades com o recheio e deixe descansar enquanto você prepara o glacê.
14. Para fazer o glacê, bata a manteiga em velocidade média na batedeira até ficar leve e cremosa. Com a batedeira ligada, adicione gradualmente o açúcar de confeiteiro, parando a batedeira de vez em quando para raspar as laterais da tigela com uma espátula.
15. Assim que o açúcar e a manteiga estiverem bem incorporados, adicione o extrato de baunilha e bata novamente.
16. Adicione o creme de leite ou leite, 1 colher (sopa) de cada vez, até atingir a consistência desejada. Acrescente o corante alimentício até chegar ao tom desejado.
17. Deixe descansar por 5 minutos, depois use o glacê para decorar os bolos de caldeirão e sirva.

RECEITAS DE OUTONO

Rendimento
12 bolos de caldeirão

Tempo de preparo
30 minutos

Tempo de cozimento
12 a 15 minutos

Tempo de resfriamento
45 a 60 minutos

Cupcakes
1 xícara de farinha de trigo
¼ de xícara + 2 colheres (sopa) de cacau em pó
¼ de colher (chá) de fermento em pó
¼ de colher (chá) de bicarbonato de sódio
½ colher (chá) de sal
¼ de xícara de azeite de oliva
1 xícara de açúcar
1 ovo
½ colher (chá) de extrato de baunilha
½ xícara de leite dividida em duas partes iguais

Recheio
¼ de xícara de leite
2¼ colheres (chá) de farinha de trigo
2½ colheres (chá) em pó de achocolatado
¼ de xícara de manteiga amolecida
¼ de xícara de açúcar
¼ de colher (chá) de extrato de baunilha

Glacê
1 xícara de manteiga sem sal amolecida
4½ xícaras de açúcar de confeiteiro
1 colher (sopa) de extrato de baunilha
4 a 5 colheres (sopa) de creme de leite ou leite integral
Corante alimentício laranja

RECEITAS DE OUTONO

Varinhas de alcaçuz

Com esta receita fácil e deliciosa de varinhas de alcaçuz, você já pode até abrir a sua própria loja de varinhas! Aqui, você poderá escolher o recheio que desejar para as suas varinhas: pena de fênix, pelos de unicórnio ou fibra de coração de dragão. Como você preferir!

1. Coloque as gotas de chocolate em um copo medidor de vidro e leve ao micro-ondas por 30 segundos. Mexa.
2. Repita até que o chocolate esteja derretido e liso.
3. Mergulhe uma tira de alcaçuz no chocolate derretido.
4. Coloque os confeitos em outra tigela.
5. Passe a tira de alcaçuz nos confeitos, cobrindo como desejar.
6. Repita os passos 3 e 5 com as outras tiras de alcaçuz.
7. Deixe as tiras esfriarem em cima de uma folha de papel-manteiga por uma hora ou até que a cobertura de chocolate esteja firme.

Rendimento	Tempo de preparo	Tempo de cozimento	Tempo de resfriamento
24 varinhas	5 minutos	2 a 3 minutos	1 hora

170 g de gotas de chocolate
24 tiras de alcaçuz
Confeitos de qualquer sabor, bolinhas de açúcar ou outro confeito pequeno de sua preferência

RECEITAS DE OUTONO

Diabinhos de pimenta

Esta receita, uma versão deliciosa de uma clássica guloseima mágica, não fará você cuspir fogo ou soltar fumaça pelo nariz, mas prepare-se para um sabor de menta bem intenso!

1. Forre uma assadeira com papel-manteiga.
2. Em uma tigela grande, leve as gotas de chocolate ao leite e meio amargo ao micro-ondas. Ligue o micro-ondas em potência alta por 30 segundos. Em seguida, mexa o chocolate com uma colher de metal. Repita o processo no micro-ondas por cerca de 10 minutos, parando a cada 30 segundos para ver se o chocolate já está totalmente derretido. Misture o extrato de menta.
3. Despeje e espalhe uniformemente o chocolate derretido por toda a assadeira. Leve a assadeira à geladeira e deixe esfriar por 20 minutos.
4. Leve as gotas de chocolate branco ao micro-ondas, em potência alta, por cerca de 10 minutos, parando a cada 30 segundos para mexer, até que o chocolate esteja bem derretido e possa ser derramado sobre a primeira camada de chocolate.
5. Imediatamente, polvilhe com os pedaços dos pirulitos esmagados.
6. Leve a assadeira de volta à geladeira por 20 minutos para terminar de firmar.

Rendimento	Tempo de preparo	Tempo de cozimento	Tempo de resfriamento
16 porções	5 minutos	20 minutos	40 minutos

340 g de gotas de chocolate ao leite
1 xícara de gotas de chocolate meio amargo
340 g de gotas de chocolate branco
½ colher (chá) de extrato de menta
8 pirulitos em formato de bengala, esmagados

RECEITAS DE OUTONO

Chocobolas recheadas de musse de morango e creme cozido

O carrinho de comidas do trem oferece uma variedade infinita de doces deliciosos, mas sem dúvida as chocobolas recheadas estão entre os mais irresistíveis. Esta receita combina uma musse de morango azedinha e um creme cozido, que se transformam magicamente em uma guloseima deliciosa.

1. Derreta metade do chocolate seguindo as instruções da embalagem.
2. Coloque o chocolate derretido em um saco de confeitar e despeje uma pequena quantidade em cada cavidade da fôrma de trufa.
3. Com os dedos limpos, espalhe o chocolate por todas as laterais da cavidade da fôrma.
4. Deixe o chocolate endurecer por 20 a 40 minutos. Na geladeira, o chocolate vai endurecer muito mais rápido (cerca de 20 minutos).
5. Depois que o chocolate estiver firme, coloque meia colher (chá) de creme cozido e meia colher (chá) de musse de morango nas cascas de chocolate. Você pode fazer cada bola de um único sabor ou misturar os dois recheios na mesma casca.
6. Derreta o chocolate restante e coloque no saco de confeitar. Espalhe mais chocolate por cima da musse de morango e do creme cozido.
7. Envolva as bolas em chocolate, dando batidinhas no chocolate para selar bem.
8. Leve à geladeira por 20 a 40 minutos para firmar. Quanto mais frio o chocolate estiver, mais fácil será descolá-lo da fôrma.
9. Retire com cuidado as chocobolas das fôrmas. Talvez você não consiga tirar as primeiras sem danificar.

Rendimento	Tempo de preparo	Tempo de resfriamento
24 a 30 chocobolas	25 minutos	40 minutos a 1 hora e 20 minutos

680 g de gotas de chocolate para derreter
Creme cozido (página 24)
Musse de morango (página 25)
Fôrma de trufa

Creme cozido

1º dia
1. Preaqueça o forno a 80°C.
2. Despeje o creme em uma caçarola rasa para formar uma camada fina.
3. Leve o creme ao forno e deixe assar por 12 horas, descoberto.
4. Se você não tiver certeza de que o seu forno está com a temperatura correta, verifique o creme depois de 8 e 10 horas. A ideia é que o creme fique com uma cor caramelo-claro, e não marrom-escuro.

2º dia
1. Retire a caçarola do forno e deixe esfriar em temperatura ambiente. Uma película terá se formado por cima do creme – não mexa.
2. Quando o creme atingir a temperatura ambiente, leve-o à geladeira e deixe esfriar por 8 horas ou durante toda a noite.

3º dia
1. Retire o creme da geladeira e remova com cuidado a camada espessa de creme cozido que se formou na superfície, reservando a camada de líquido por baixo. Coloque o creme em uma tigela.
2. Bata delicadamente o creme separado até ficar com uma textura suave.
3. Misture o líquido ralo ao creme batido até atingir a textura desejada.
4. Guarde na geladeira até a hora de usar.

Tempo de cozimento	Tempo de resfriamento
12 horas	8 horas ou de um dia para o outro

2 xícaras de creme de leite fresco
(não ultrapasteurizado)

RECEITAS DE OUTONO

Musse de morango

1. Coloque os morangos em um processador de alimentos e bata até formar um creme com grumos grossos, deixando alguns pedaços maiores. Transfira os morangos para uma tigela.
2. Adicione o açúcar e misture.
3. Bata o creme de leite na batedeira até formar picos firmes. Misture o chantilly com os morangos.
4. Limpe os batedores e, usando outra tigela, bata as claras de ovo até formar picos firmes. Misture as claras em neve na mistura de morango com creme.
5. Leve a musse de morango à geladeira para gelar até a hora de montar as chocobolas

Tempo de preparo
20 minutos

Tempo de resfriamento
20 minutos

2 xícaras de morangos frescos, sem o cabinho
1 colher (sopa) de açúcar
300 ml de creme de leite fresco
3 claras de ovo

Nugá

O nugá, essa delícia também conhecida como torrone, pode ser encontrado em qualquer loja de doces, mágica ou não, e tem tudo para se tornar o seu doce preferido. Se você não puder usar um feitiço para monitorar a temperatura da calda de açúcar, deixe um termômetro culinário por perto. Esta receita é semelhante à receita de torrone, ou seja, você precisa seguir as instruções rigorosamente, senão o nugá pode não endurecer corretamente e virar uma meleca doce pegajosa que se espalha pela travessa ao tentar cortar um pedaço.

Primeira parte

1. Unte uma tigela grande com bastante manteiga e reserve.
2. Usando a batedeira ou o mixer, bata as claras até formar picos firmes, por cerca de 7 minutos.
3. Misture em uma panela o açúcar, o xarope de milho e a água e leve para cozinhar em fogo médio. Mexa constantemente até que o açúcar dissolva e o líquido comece a ferver, 6 a 7 minutos.
4. Quando o açúcar dissolver, pare de mexer e deixe a calda ferver até marcar 125°C no termômetro culinário.
5. Retire a panela do fogo e despeje com cuidado o líquido sobre as claras, com a batedeira batendo em velocidade baixa. Bata por cerca de 10 minutos até a mistura ficar firme e ainda morna.
6. Transfira a mistura para a tigela untada com manteiga.

Segunda parte

1. Em uma panela grande, misture o açúcar, a glucose de milho e o mel e aqueça em fogo médio. Mexa sem parar com uma colher limpa até que o açúcar dissolva e o líquido comece a ferver. Continue mexendo a calda em fogo médio-alto até marcar 135°C no termômetro culinário, o que levará cerca de 10 minutos.
2. Teste o ponto colocando uma colherada pequena da calda na água fria (ou gelada). Se formar uma bola dura, está no ponto. Caso contrário, deixe o líquido ferver um pouco mais até atingir o ponto.

Terceira parte

1. Unte uma assadeira de 40x25 cm com bastante manteiga e reserve.
2. Na tigela untada com manteiga, despeje a segunda parte da receita por cima da primeira parte.
3. Use uma colher de pau para misturar as duas partes até que estejam bem homogêneas, por cerca de 3 minutos.
4. Em outra tigela, misture a manteiga e a baunilha.
5. Despeje a manteiga na preparação anterior e misture bem.
6. Adicione as nozes e o sal e mexa até ficar bem homogêneo. Despeje tudo na assadeira untada.
7. Deixe firmar por 3 a 4 horas (não leve à geladeira).
8. Corte em quadrados e embrulhe com papel-manteiga ou plástico-filme, se desejar.

RECEITAS DE OUTONO

Rendimento	Tempo de preparo	Tempo de cozimento	Tempo de resfriamento
24 a 30 porções	20 minutos	45 a 50 minutos	3 a 4 horas

Primeira parte

Manteiga para untar
3 claras de ovo
1½ xícara de açúcar
1¼ de xícara de glucose de milho
¼ de xícara de água

Segunda parte

3 xícaras de açúcar
2⅔ xícaras de glucose de milho
1/3 de xícara de mel

Terceira parte

½ xícara de manteiga sem sal derretida
4 colheres (chá) de extrato de baunilha
3 xícaras de castanhas variadas, como amêndoas, nozes, noz-pecã e pistache
1 colher (chá) de sal

Sanduíches de sorvete

É verdade – temos até sorvete no carrinho! E embora possa ser difícil levar sorvete em uma viagem (pelo menos para quem não é mágico, é claro!), esses sanduíches de sorvete podem ser transportados, pelo menos por um tempinho.

1. Preaqueça o forno a 190°C.
2. Forre 2 assadeiras com papel-manteiga e reserve.
3. Em uma tigela média, misture a farinha, o bicarbonato de sódio, o sal e o fermento em pó. Reserve.
4. Em outra tigela, misture a manteiga, o açúcar e o açúcar mascavo e bata bem até ficar cremoso.
5. Acrescente os ovos e a baunilha à manteiga com açúcar até virar um creme leve e aerado.
6. Acrescente os ingredientes secos até ficar bem homogêneo.
7. Acrescente as gotas de chocolate e misture com uma colher de pau.
8. Divida a massa em 24 bolas, na medida do possível iguais, e coloque-as nas assadeiras. As bolas não podem ficar muito pequenas, caso contrário não será possível recheá-las com uma quantidade generosa de sorvete. Por outro lado, elas também não podem ficar muito grandes, senão a massa ficará quebradiça e difícil de trabalhar.
9. Asse no forno por 8 a 10 minutos ou até que comecem a dourar.
10. Retire os biscoitos do forno e deixe descansar nas assadeiras por 2 minutos antes de transferi-los para uma grade ou pano.
11. Depois que os biscoitos esfriarem completamente, vire metade deles para baixo, de modo que o lado achatado e dourado fique voltado para cima. Esses biscoitos virados serão usados como a base dos sanduíches.
12. Retire o sorvete do freezer e deixe em temperatura ambiente por 2 minutos para amolecer um pouco. Não deixe fora do freezer por muito tempo, pois o sorvete pode começar a derreter e vazar de dentro dos biscoitos no congelador.
13. Com uma colher firme ou colher de sorvete, coloque ½ xícara de sorvete em cada sanduíche e "amasse" com cuidado o sorvete na parte de baixo do biscoito. Se necessário, use uma espátula para espalhar o sorvete nos biscoitos.
14. Coloque o segundo biscoito por cima de cada sanduíche e, se desejar, decore as laterais com minigotas de chocolate.
15. Embrulhe cada sanduíche em papel-manteiga e papel-alumínio e guarde-os em um recipiente que possa ser levado ao freezer. Congele por 4 a 6 horas antes de servir.

RECEITAS DE OUTONO

> **OBSERVAÇÃO**
> Vários sabores de sorvete combinam com o sabor das gotas de chocolate. Creme, doce de leite, chocolate e flocos são excelentes opções de sabor para rechear os sanduíches.

Rendimento	Tempo de preparo	Tempo no forno	Tempo no freezer
12 sanduíches de sorvete	20 minutos	8 a 10 minutos	4 a 6 horas

- 3 xícaras de farinha de trigo
- 1 colher (chá) de bicarbonato de sódio
- 1 colher (chá) de sal
- ½ colher (chá) de fermento em pó
- 1 xícara de manteiga sem sal amolecida
- 1 xícara de açúcar
- 1 xícara de açúcar mascavo
- 2 ovos grandes
- 2 colheres (chá) de extrato de baunilha
- 2 xícaras de gotas de chocolate meio amargo
- 6 xícaras de sorvete
- 1 a 2 xícaras de minigotas de chocolate meio amargo (opcional)

Tortas de abóbora

Comer essa torta de abóbora no outono é uma verdadeira delícia. Super recheada com abóbora e muitas especiarias, ela certamente vai encantar o seu paladar.

1. Preaqueça o forno a 190°C.
2. Para fazer a farofa crocante, junte todos os ingredientes da cobertura, exceto o chantilly, em uma tigela pequena. Com a ajuda de um garfo, misture até ficar com um aspecto de farofa. Reserve.
3. Para fazer a massa, misture o cream cheese e a manteiga em uma tigela. Bata na batedeira em velocidade média até ficar bem homogêneo.
4. Adicione a farinha e continue batendo até a massa formar uma bola.
5. Divida a massa em 16 pedaços e coloque cada um deles em forminhas de muffin sem untar. Pressione a massa em cada cavidade, moldando o fundo e as laterais da torta na fôrma. A massa deve ficar com uma boa espessura em todos os lados.
6. Em seguida, misture todos os ingredientes do recheio em uma tigela. Bata até ficar homogêneo.
7. Despeje o recheio nas massas que estão nas forminhas de muffin.
8. Polvilhe a farofa em todas as tortinhas.
9. Leve a(s) fôrma(s) de muffin ao forno e asse as tortas por 25 a 28 minutos ou até que a massa fique dourada e o recheio fique firme.
10. Deixe as tortas esfriarem na(s) fôrma(s) por 5 minutos e, em seguida, passe uma faca afiada ao redor da borda interna para soltar as tortas das fôrmas.
11. Coloque as tortas em uma grade para esfriar até atingirem temperatura ambiente.
12. Finalize as tortas com uma colher de chantilly e sirva.

OBSERVAÇÃO

As tortas que sobrarem devem ser armazenadas na geladeira depois de frias. Se você precisar fazer uma opção sem glúten, basta trocar a farinha de trigo por farinha sem glúten. Além da farinha sem glúten, inclua goma xantana na receita.

Rendimento	Tempo de preparo	Tempo de cozimento	Tempo total
16 tortas	10 a 12 minutos	25 a 28 minutos	35 a 40 minutos

Cobertura
¼ de xícara de farinha de trigo
¼ de xícara de açúcar
2 colheres (sopa) de manteiga
1 colher (chá) de canela em pó
Chantilly para servir

Massa
170 g de cream cheese gelado
¾ de xícara de manteiga gelada (12 colheres de sopa)
1½ xícara de farinha de trigo

Recheio
1 lata de leite condensado
1¼ de xícara de abóbora cozida e amassada
1 ovo grande
1½ colher (chá) de mix de especiarias (canela, noz-moscada, cravo e gengibre em pó)

RECEITAS DE OUTONO

Sapos de chocolate

Esta receita é muito fácil e certamente encantará qualquer *Potterhead*. O único utensílio especial de que você vai precisar é uma fôrma em formato de sapo, que você pode encontrar na internet. Sinta-se à vontade para enfeitiçar os seus sapos depois de prontos, mas tome muito cuidado! Não deixe que eles escapem pela janela do trem.

1. Unte a fôrma de chocolate com spray de cozinha à base de óleo de coco.
2. Leve o chocolate e a manteiga ao banho-maria em fogo médio, mexendo sempre até que o chocolate comece a derreter, por 5 minutos.
3. Assim que o chocolate estiver derretendo, abaixe o fogo. Continue mexendo por 2 a 3 minutos.
4. Adicione o leite, 1 colher (sopa) de cada vez, e misture até que esteja bem homogêneo e o chocolate esteja liso e líquido, por 3 a 5 minutos.
5. Retire do fogo e comece imediatamente a colocar o chocolate nas fôrmas, espalhando por todos os cantos. Se desejar adicionar um recheio, preencha as fôrmas apenas até a metade.
6. Acrescente míni marshmallows, nozes, coco ou outras opções de recheio no centro da fôrma e cubra com o restante do chocolate até preencher toda a fôrma. Use uma espátula de manteiga para alisar a parte de trás.
7. Leve a fôrma à geladeira e deixe esfriar por pelo menos 4 horas antes de servir.

Rendimento	Tempo de preparo	Tempo de cozimento	Tempo de descanso
24 a 36 sapos, dependendo do tamanho da fôrma	10 minutos	10 a 13 minutos	4 horas

340 g de chocolate meio amargo
2 colheres (sopa) de manteiga sem sal
4 colheres (sopa) de leite
Míni marshmallows, nozes quebradas ou coco ralado (opcional)

Banquete de início de ano

Ao se sentar nas imensas mesas sob a luz de velas flutuantes, você sentirá o delicioso aroma que emana das cozinhas. Rosbife, torta de carne, batatas e muito mais esperam por você no primeiro banquete do ano. E depois que o chapéu seletor cantar a sua canção e definir para qual casa irão os alunos do primeiro ano, é hora de dormir!

Carne assada

Opções de carne

A carne assada é um prato clássico para ocasiões especiais. Mas não se deixe intimidar. Mesmo se você for iniciante na cozinha, não é necessário ter todas as habilidades de um elfo doméstico para fazer uma carne assada bem saborosa. E não se esqueça de guardar as sobras, pois elas são o recheio perfeito para um sanduíche no dia seguinte.

1. Deixe a carne descansar em temperatura ambiente por 2 horas para que ela asse de maneira mais uniforme.
2. Assim que a carne estiver com uma temperatura uniforme, preaqueça o forno a 180°C.
3. Retire a carne da embalagem e coloque-a em um prato.
4. Usando uma faca, faça vários furos em volta de toda a peça. Enfie lascas de alho em cada corte.
5. Pincele toda a peça de carne com azeite de oliva.
6. Polvilhe sal, pimenta, alecrim, tomilho e salsinha sobre a carne.
7. Coloque uma assadeira ou fôrma sob a prateleira inferior do forno, abaixo da carne, para que possa coletar o líquido que escorre durante o cozimento.
8. Coloque a carne diretamente na prateleira inferior, com a gordura virada para o lado de cima, sobre a assadeira que você colocou para coletar o líquido.
9. Asse por 3 horas.
10. Quando a temperatura interna atingir 60°C, a carne está assada. Retire do forno e coloque sobre uma tábua de corte.
11. Cubra a carne com papel-alumínio e deixe descansar por 30 minutos antes de fatiá-la. Isso ajuda a reter os sucos no interior da carne.
12. Corte a carne em fatias finas e sirva.

Rendimento	Tempo de preparo	Tempo de cozimento
6 a 7 porções	2 horas e 20 minutos	3 horas, mais 30 minutos de descanso

1 a 1,5 kg de lagarto
3 a 4 dentes de alho fatiados
Azeite de oliva
Sal
Pimenta-do-reino moída
Alecrim seco
Tomilho seco
Salsinha seca

RECEITAS DE OUTONO

Costeletas de porco fantásticas

Esta receita de costeleta de porco leva esse corte simples a outro patamar, tornando-a digna de uma das festas mais mágicas do ano. E não importa se na cozinha você é tão experiente quanto um monitor ou tão inexperiente quanto um calouro, esta receita vai impulsionar seus dotes para um resultado saboroso e cheio de encanto.

1. Para preparar a salmoura, coloque a água morna, o açúcar e o sal em um recipiente em que caibam as costeletas sem amontoá-las. Mexa bem até que o açúcar e o sal estejam praticamente dissolvidos.
2. Coloque as costeletas de porco na salmoura, despejando o líquido sobre as costeletas até cobrir todas as peças.
3. Cubra o recipiente e leve à geladeira por 1 hora.
4. Enquanto a carne está marinando na geladeira, prepare o tempero: aqueça o azeite em uma frigideira de ferro fundido e deixe ferver.
5. Acrescente a cebola e o açúcar. Mexa até dourar bem a cebola.
6. Abaixe a temperatura e deixe refogar em fogo baixo.
7. Em uma panela média, leve o suco de laranja, as cranberries e os damascos ao fogo médio e deixe cozinhar em fogo baixo até levantar fervura.
8. Quando o líquido começar a ferver, adicione a cebola caramelizada, com o líquido de cozimento, à panela com o suco.
9. Em seguida, adicione o vinagre de maçã, as nozes-pecã e o sal. Misture bem.
10. Deixe cozinhar em fogo baixo até que as costeletas tenham marinado por uma hora.
11. Preaqueça o forno a 220°C. Coloque uma assadeira de bordas altas na grade do meio do forno.
12. Retire a mistura de frutas do fogo.
13. Retire as costeletas de porco da salmoura. Lave-as bem e seque dando batidinhas com um papel-toalha.
14. Leve a frigideira em que você refogou as cebolas ao fogo médio-alto.
15. Sele cada costeleta por 3 a 4 minutos de cada lado.
16. Quando as costeletas estiverem com uma cor levemente dourada, leve-as à assadeira no forno.
17. Cubra as costeletas com o tempero, distribuindo por igual entre todas as costeletas. Se quiser, finalize polvilhando o tomilho e o alecrim sobre as costeletas.
18. Asse as costeletas por 15 minutos.
19. Usando um termômetro de carne, verifique a temperatura interna das costeletas. Quando elas atingiram 65°C, retire do forno.
20. Deixe as costeletas descansarem por 5 minutos e sirva quente.

RECEITAS DE OUTONO

Rendimento	Tempo de preparo	Tempo de cozimento
4 a 6 porções	1 horas e 15 minutos	35 a 45 minutos

4 a 6 costeletas de porco

Salmoura
6 xícaras de água quente
¾ de xícara de açúcar
2 colheres (sopa) de sal

Tempero
1 colher (sopa) de azeite de oliva
1 cebola bem picada
1 colher (sopa) de açúcar
Suco de 2 laranjas
⅓ de xícara de cranberries secas
⅓ de xícara de damascos secos picados
2 colheres (sopa) de vinagre de maçã
⅓ de xícara de nozes-pecãs picadas
¼ de colher (chá) de sal
½ colher (chá) de tomilho seco (opcional)
½ colher (chá) de alecrim seco (opcional)

Linguiças enroladas com bacon

Este é um acompanhamento ou aperitivo muito fácil de preparar, mas extremamente gostoso em qualquer refeição especial. O bacon dá um toque salgado ao sabor picante das linguiças. Sirva em uma travessa junto com um recipiente de palitos de dente para que as pessoas possam se servir.

1. Preaqueça o forno a 200°C.
2. Forre uma assadeira com papel-alumínio e polvilhe com um pouco de açúcar mascavo.
3. Enrole as linguiças com as fatias de bacon e coloque-as na assadeira.
4. Polvilhe mais açúcar mascavo por cima da carne.
5. Asse por 30 a 40 minutos ou até o bacon ficar crocante.

Rendimento	Tempo de preparo	Tempo de cozimento
10 a 15 porções	7 a 10 minutos	30 a 40 minutos

Açúcar mascavo

500 g de bacon fatiado grosso, cortado ao meio no sentido do comprimento

200 g de linguiça aperitivo

Pudim de Yorkshire

Acompanhamentos

O pudim de Yorkshire é uma espécie de pão, servido na Inglaterra como acompanhamento desde o século XVIII. Não é de se admirar que seja um dos pratos preferidos de bruxas e bruxos, pois além de versátil, ele é muito fácil de fazer.

1. Preaqueça o forno a 230°C.
2. Divida a gordura de sua preferência em partes iguais em 12 forminhas de muffin. Reserve.
3. Peneire a farinha e o sal em uma tigela pequena. Reserve.
4. Em uma tigela média, bata os ovos e o leite até ficar leve e espumoso.
5. Assim que o forno atingir a temperatura correta, coloque a assadeira com as forminhas na grade do meio. Deixe aquecer até que a gordura comece a soltar fumaça, o que deve levar de 15 a 20 minutos.
6. Com uma colher de pau, misture os ingredientes secos aos ingredientes úmidos até incorporar. Cuidado para não bater demais.
7. Retire a assadeira do forno quando a gordura estiver bem quente e despeje a massa nas forminhas com cuidado.
8. Leve a assadeira de volta para o forno e asse por 15 a 20 minutos ou até que a massa estufe e esteja seca ao toque.
9. Retire a assadeira do forno e deixe os pudins esfriarem por 5 minutos.
10. Se ficar um pouco de óleo acumulado em cima do pudim, escorra com cuidado antes de servir.

Rendimento	Tempo de preparo	Tempo de cozimento
10 a 12 porções	10 minutos	30 a 40 minutos

½ xícara de banha de porco, manteiga ou margarina
¾ de xícara de farinha de trigo
½ colher (chá) de sal
3 ovos
¾ de xícara de leite

RECEITAS DE OUTONO

Purê de batatas

Todo grande banquete requer acompanhamentos que brilhem, e o purê de batatas é indiscutivelmente o rei dos acompanhamentos. Esta receita é extremamente cremosa e amanteigada e com certeza agradará a todas as bruxas, bruxos ou fantasmas quase-sem-cabeça presentes no banquete.

1. Em uma panela grande, leve água para ferver com uma pitada de sal.
2. Quando a água estiver fervendo, coloque as batatas e cozinhe por 15 minutos ou até ficarem macias.
3. Escorra cuidadosamente as batatas e coloque-as novamente na panela.
4. Em uma panela pequena, leve o leite e a manteiga para aquecer em fogo médio-baixo. Mexa até a manteiga derreter.
5. Aumente o fogo para o líquido ferver, mexendo ocasionalmente para evitar que queime.
6. Enquanto espera o leite e manteiga ferverem, esmague as batatas com um garfo ou espremedor.
7. Assim que o leite ferver, retire do fogo.
8. Incorpore delicadamente o leite com a manteiga às batatas, até que o purê fique bem cremoso.
9. Mexa bem com um garfo grande até que o purê fique bem aerado.
10. Acrescente os temperos e especiarias.
11. Sirva quente.

Rendimento	Tempo de preparo	Tempo de cozimento
6 porções	15 minutos	20 minutos

1 kg de batata-inglesa, descascadas e cortadas em oito partes

1 xícara de leite

2 colheres (sopa) de manteiga

½ colher (chá) de tempero italiano

½ colher (chá) de salsinha seca

½ colher (chá) de sal

½ colher (chá) de pimenta-do-reino, moída na hora

½ colher (chá) de cebola em flocos

½ colher (chá) de alho em pó

½ colher (chá) de coentro seco

Molho de carne clássico

Um molho saboroso e encorpado é o segredo de qualquer banquete suntuoso. Sinta-se à vontade para usar os temperos da sua preferência em seu caldeirão, pois esta é uma poção com a qual você pode brincar à vontade (ao contrário de uma certa receita que deixa as pessoas com cara de gato se você usar um único ingrediente errado).

1. Em uma panela grande, derreta a manteiga em fogo médio.
2. Quando a manteiga derreter completamente, coloque metade da farinha e misture até formar uma pasta espessa. Deixe dourar por 1 a 2 minutos.
3. Despeje lentamente o caldo e misture bem, mexendo sem parar por 5 minutos.
4. Adicione o restante da farinha e continue mexendo até o molho engrossar e ficar cremoso.
5. Retire o molho do fogo e deixe descansar por 2 a 3 minutos antes de servir.

Rendimento	Tempo de preparo	Tempo de cozimento
12 a 14 porções	2 a 5 minutos	10 minutos

2 colheres (sopa) de manteiga sem sal
½ xícara de farinha de trigo, dividida em duas partes iguais
2 xícaras de caldo de carne, frango ou legumes

RECEITAS DE OUTONO

Pudim de groselhas

Sobremesas

O pudim de groselhas é todo cheio de pintinhas por causa das frutas secas que vão na massa. Esta clássica sobremesa costuma ser servida com creme inglês. Na Inglaterra, o "pudding" é um tipo de bolo cozido a vapor, diferente de um flã e muito gostoso.

1. Preaqueça o forno a 150°C.
2. Unte e enfarinhe uma fôrma de pudim 25 cm de diâmetro.
3. Misture as frutas secas e as castanhas em uma tigela.
4. Em outra tigela, bata a gordura vegetal e o açúcar até obter um creme claro e leve.
5. Acrescente os ovos e a baunilha à gordura e bata bem.
6. Em uma tigela, peneire a farinha, o fermento e o sal.
7. Misture a parte de farinha com a parte de gordura. Mexa até homogeneizar e despeje sobre as frutas e castanhas até envolver tudo.
8. Transfira a massa para a fôrma de pudim untada.
9. Asse por 2 horas ou até que um palito saia limpo ao ser espetado na massa.
10. Retire do forno e deixe esfriar por 10 minutos antes de retirar da fôrma e colocar para esfriar em cima de uma grade.
11. Deixe esfriar completamente, cubra com o creme inglês e sirva.

Rendimento	Tempo de preparo	Tempo de cozimento
12 a 16 porções	15 minutos	2 horas

1 xícara de frutas vermelhas desidratadas (groselhas, cerejas, mirtilos etc.)
2 xícaras de uvas-passas
2 xícaras de passas brancas
1½ xícara de cranberries secas
3 ¾ xícaras de amêndoas laminadas
1 xícara de gordura vegetal
1 xícara de açúcar
5 ovos grandes
4 colheres (chá) de extrato de baunilha
3 xícaras de farinha de trigo
3 colheres (chá) de fermento em pó
1 colher (chá) de sal
Creme inglês (página 45)

Creme inglês

1. Em uma panela média, leve o creme de leite, o leite, ¼ de xícara de açúcar e a vagem e as sementes de baunilha ao fogo médio e deixe ferver até que o líquido comece a borbulhar nas bordas. Deixe borbulhar em fogo baixo por 2 minutos, sem ferver.
2. Retire o líquido do fogo e deixe descansar por 10 a 20 minutos, sem esfriar completamente.
3. Enquanto o líquido esfria, bata as gemas com ¼ de xícara de açúcar em uma tigela média.
4. Adicione um pouco do líquido no creme de gemas com açúcar e bata bem até homogeneizar.
5. Adicione mais líquido e repita até que o creme de gemas esteja aquecido.
6. Agora despeje o creme de ovos aquecido no líquido que ficou na panela. Leve a panela de volta ao fogo.
7. Deixe cozinhar em fogo médio, mexendo sem parar por 5 a 7 minutos, até que o creme engrosse o suficiente para cobrir as costas de uma colher.
8. Quando o creme engrossar, retire do fogo e transfira para uma tigela média, passando por uma peneira para retirar os grumos e a vagem e sementes de baunilha.
9. Coloque a panela com o creme na água com gelo para esfriar rapidamente e evitar que o creme talhe.
10. Assim que o creme estiver frio, sirva com o pudim de groselhas ou tampe e guarde por até 4 dias.

OBSERVAÇÃO
Ao cortar o pudim, use uma faca de serra para que as fatias fiquem bem lisinhas.

Tempo de preparo
5 minutos

Tempo de cozimento
10 minutos

1 xícara de creme de leite fresco
1½ xícara de leite integral
½ xícara de açúcar, dividida em duas partes iguais
1 fava de baunilha, cortada no sentido do comprimento e raspada (você utilizará a fava e as sementes)
6 gemas de ovo
Água com gelo

Arroz-doce

O arroz-doce nada mais é do que uma mistura simples de arroz e leite, porém, com alguns complementos, você pode incrementá-lo e transformá-lo em uma sobremesa fantástica. Experimente adicionar frutas secas ou frutas da cor da sua casa preferida, ou capriche no chocolate para fazer uma versão ainda mais irresistível. Com arroz-doce, não tem como errar!

1. Em uma panela média, misture todos os ingredientes, exceto as gotas de chocolate e a decoração, e deixe cozinhar em fogo médio-baixo, mexendo até homogeneizar.
2. Abaixe o fogo e deixe cozinhar em fogo baixo.
3. Derreta as gotas de chocolate no micro-ondas, parando a cada 30 segundos, até ficar liso e cremoso.
4. Adicione o chocolate derretido à panela e misture bem com os outros ingredientes.
5. Cozinhe em fogo baixo por 10 a 12 minutos, mexendo a cada um ou dois minutos para não deixar queimar.
6. Retire a panela do fogo e deixe descansar por 10 minutos antes de servir. (Ou, se preferir, leve à geladeira e deixe esfriar por 2 horas antes de servir.)
7. Finalize com uma quantidade generosa de chantilly e polvilhe com um pouco de canela para servir.

Rendimento	Tempo de preparo	Tempo de cozimento
6 a 8 porções	15 minutos	10 a 12 minutos

2 xícaras de arroz cozido
½ xícara de leite
¼ de xícara de açúcar
¼ de colher (chá) de sal
1 colher de cacau em pó
½ colher (chá) de extrato de baunilha
⅓ de xícara de gotas de chocolate meio amargo
Chantilly para decorar
Canela para decorar

Bolo de chocolate

Se você estava procurando uma gostosura verdadeiramente mágica, veio ao lugar certo. Camadas de um bolo denso e molhadinho intercaladas com um recheio cremoso de chocolate formam o final perfeito para qualquer banquete de sucesso.

1. Preaqueça o forno a 180°C.
2. Unte e enfarinhe duas fôrmas de fundo removível ou redondas de 20 cm de diâmetro. Reserve.
3. Prepare 1 xícara de café forte e reserve.
4. Na tigela da batedeira, peneire a farinha, o açúcar, o cacau em pó, o bicarbonato de sódio, o fermento em pó e o sal.
5. Em seguida, misture o *buttermilk*, o iogurte, os ovos e o extrato de baunilha em um frasco ou uma garrafa e mexa bem para incorporar os ingredientes.
6. Despeje devagar o líquido por cima dos ingredientes secos na batedeira e bata em velocidade baixa.
7. Adicione o café quente e mexa com uma espátula até a massa ficar bem homogênea. Não bata demais. Raspe as laterais da tigela da batedeira e bata mais um pouco.
8. Divida a massa do bolo em 2 partes iguais e despeje nas fôrmas.
9. Asse por 40 a 45 minutos ou até que um palito saia limpo ao ser espetado na massa.
10. Deixe esfriar na fôrma por 10 minutos e depois transfira para uma grade para esfriar completamente.
11. Quando o bolo tiver esfriado completamente, bata o recheio de chocolate na batedeira até formar picos firmes.
12. Coloque uma camada de bolo em uma travessa.
13. Espalhe uma camada de recheio de creme de chocolate por cima da primeira camada de bolo.
14. Coloque a segunda camada de bolo sobre a primeira e faça mais uma camada de recheio.
15. Passe a cobertura no topo e nas laterais do bolo.
16. Decore o bolo com frutas, nozes ou pedaços de suspiro.

Rendimento	Tempo de preparo	Tempo de cozimento
10 porções	40 minutos	45 minutos

1 xícara de café quente
1¾ xícara de farinha de trigo
2 xícaras de açúcar
¾ de xícara de cacau em pó
2 colheres (chá) de bicarbonato de sódio
1 colher (chá) de fermento em pó
½ colher (chá) de sal

1 xícara de leitelho (*buttermilk*) ou substituto (p. 75)
½ xícara de iogurte natural
2 ovos grandes
1 colher (chá) de extrato de baunilha
Recheio de chocolate (página 50)
Cobertura de chocolate (página 50)
Morangos, nozes ou suspiros para decorar

Recheio cremoso de chocolate

Faça o recheio de creme de chocolate um dia antes de assar o bolo.

1. Despeje o creme de leite em uma panela pequena e deixe ferver, mexendo o suficiente para não deixar queimar.
2. Retire a panela do fogo e acrescente o chocolate.
3. Mexa lentamente até que o chocolate derreta no creme.
4. Cubra o recheio e, quando esfriar completamente, leve à geladeira e deixe esfriar durante a noite.

Tempo de preparo	Tempo de cozimento	Tempo de resfriamento
8 a 10 minutos	7 a 10 minutos	De um dia para o outro

2 xícaras de creme de leite fresco
100 g de chocolate ao leite de alta qualidade bem picado
100 g de chocolate meio amargo de alta qualidade bem picado, com teor de cacau de 70% a 75%

Cobertura de chocolate

1. Em uma panela média, leve o leite, o cacau e a manteiga para aquecer em fogo médio-baixo.
2. Mexa de vez em quando para não queimar.
3. Retire a panela do fogo assim que começar a ferver.
4. Despeje o líquido em uma tigela.
5. Adicione o açúcar de confeiteiro e bata na batedeira para deixar liso e sem grumos.
6. Mexa ocasionalmente para o creme não empelotar enquanto esfria.

Tempo de preparo	Tempo de cozimento	Tempo de resfriamento
5 a 6 minutos	6 a 9 minutos	30 minutos

6 colheres (sopa) de leite
3 colheres (sopa) de cacau em pó
½ xícara de manteiga
3 ¾ xícaras de açúcar de confeiteiro

RECEITAS DE OUTONO

Pavê de morango

O pavê pode ser uma sobremesa magnífica, principalmente se for servido em uma travessa de vidro transparente para que os seus convidados possam ver as várias camadas. Esta receita leva morangos, pão de ló e creme, que, juntos formam belas camadas de dar água na boca.

Convide um grupo grande de amigos e familiares (ou quem sabe um amigo meio-gigante) para ajudar a comer esta sobremesa enorme!

1. Coloque 2 xícaras do creme do pudim no fundo de uma travessa grande.
2. Adicione uma camada de morangos com cuidado sobre a camada de pudim.
3. Adicione uma camada de cubinhos de bolo.
4. Adicione outra camada de pudim, cobrindo com uma camada fina de chantilly.
5. Adicione outra camada de morangos.
6. Repita as camadas de chantilly, bolo e morangos até que a travessa esteja cheia.
7. Finalize com morangos frescos.
8. Decore com chantilly.
9. Deixe as pessoas boquiabertas com a beleza deste prato e depois sirva.

Rendimento
20 porções

Tempo de preparo
15 a 20 minutos

4 xícaras de pudim de baunilha, dividido em duas partes iguais

6 xícaras de morangos frescos, cortados em quatro

1 bolo de sua preferência (20 x 30 cm) (recomenda-se sabor limão), cortado em cubos e dividido em duas partes iguais

200 g de chantilly, dividido em duas partes iguais

RECEITAS DE OUTONO

Tortas de melaço

A torta de melaço não é só um clássico da culinária inglesa, é também a sobremesa favorita do nosso bruxo de óculos e cicatriz na testa. E quem não amaria uma sobremesa tão doce? Feita com poucos ingredientes, você não vai precisar de muito tempo e nem esforço para evocar esta iguaria simplesmente deliciosa.

1. Unte as forminhas de muffin com manteiga.
2. Coloque a farinha, o açúcar e o sal no processador de alimentos.
3. Pulse os ingredientes secos algumas vezes para misturar.
4. Jogue os pedaços de manteiga e gordura vegetal por cima da mistura de farinha e pulse várias vezes até que tudo esteja bem homogêneo, parecendo uma farinha grossa e úmida. Não pode sobrar nenhum resquício de pó seco na mistura.
5. Transfira os ingredientes do processador para uma tigela grande e espalhe por cima 4 a 6 colheres (sopa) de água fria para misturar e formar uma massa lisa.
6. Com uma espátula, misture a água na massa até começar a formar pedaços maiores. Se a mistura estiver muito seca, adicione mais água, uma colher (sopa) de cada vez. É melhor que fique um pouco úmida do que seca demais.
7. Faça uma bola com a massa e achate, formando um disco. Embrulhe o disco em plástico-filme e leve à geladeira por 1 hora.
8. Depois que a massa esfriar, retire da geladeira e dê soquinhos na massa para que ela amoleça e você consiga moldá-la. Se a massa estiver pegajosa, adicione uma colher (sopa) de farinha. Se estiver seca, adicione uma colher (sopa) de água gelada.
9. Separe em 12 bolinhas de tamanhos iguais. Coloque uma bolinha de massa em cada fôrma de muffin, pressionando no fundo e nas laterais da fôrma para modelar a massa da torta. Ou, se preferir, você pode abrir a massa e usar um copo ou pote com a boca larga o suficiente para cortar discos de um tamanho que forre o fundo e as laterais das forminhas de muffin.
10. Preaqueça o forno a 190°C.
11. Misture o mel, o creme de leite, a farinha de rosca, as raspas de limão e o suco de limão em uma tigela.
12. Quando estiver bem homogêneo, despeje o recheio na massa da torta.
13. Asse as tortinhas por 30 a 40 minutos ou até o recheio ficar firme. Retire do forno e deixe esfriar por 5 minutos antes de servir.

RECEITAS DE OUTONO

Rendimento	Tempo de preparo	Tempo de cozimento	Tempo de resfriamento
12 tortas	30 minutos	30 a 40 minutos	1 hora

1 ¼ xícara de farinha de trigo
1 colher (sopa) de açúcar
¼ de colher (chá) de sal
5 colheres (sopa) de manteiga gelada, cortada em pedaços
3 colheres (sopa) de gordura vegetal, gelada e cortada em pedaços
4 a 6 colheres (sopa) de água gelada
1 xícara de mel
¼ de xícara de creme de leite fresco
1 xícara de farinha de rosca
Raspas e suco de 1 limão

RECEITAS DE OUTONO

Rosquinhas com geleia

O banquete de início de ano é conhecido por seus excessos, portanto, não é de se surpreender que essas rosquinhas estejam entre as muitas sobremesas oferecidas. Embora não seja uma receita rápida para ser feita em casa, o prazer de saborear uma rosquinha quentinha e açucarada compensa totalmente o tempo e o esforço. Além disso, esta receita utiliza geleia comprada pronta, então a única coisa em que você precisa se concentrar é na massa das rosquinhas.

1. Em uma tigela pequena, adicione uma colher (sopa) de farinha, depois a primeira metade do açúcar de um lado e o fermento do outro para evitar que eles entrem em contato direto.
2. Adicione a água. Misture bem e tampe. Deixe descansar até que a mistura comece a espumar, por cerca de 10 minutos.
3. Em outra tigela grande, misture 3 xícaras de farinha, manteiga derretida, sal, o restante do açúcar e as gemas.
4. Despeje lentamente o fermento nos ingredientes secos e vá mexendo.
5. Quando a massa estiver lisa, cubra a tigela com um pano de prato limpo e reserve em um local aquecido para deixar crescer por 2 horas, até que a massa tenha dobrado de tamanho.
6. Depois que a massa crescer, retire o ar dando soquinhos e transfira para uma superfície levemente enfarinhada. Abra a massa, formando discos de 2 cm de espessura.
7. Use um copo ou cortador de biscoito para criar discos de aproximadamente 6 a 8 cm de diâmetro.
8. Coloque uma colher de geleia no meio dos discos de massa.
9. Cubra os discos recheados com geleia com outros discos de massa.
10. Aperte as bordas dos discos por toda a volta. Em seguida, formando uma concha com as mãos, aperte a massa em volta do recheio até a geleia formar uma bolinha no centro, rodeada pela massa.
11. Cubra as rosquinhas novamente com um pano de prato limpo e levemente umedecido e deixe crescer por 1 hora.
12. Forre uma travessa ou prato grande com várias camadas de papel-toalha e reserve.
13. Coloque o óleo de fritura em uma frigideira funda e leve ao fogo médio-alto.
14. Quando o óleo atingir a temperatura de fritura de 180°C, comece a colocar as rosquinhas para fritar, um pouco de cada vez para não deixar muito tempo no óleo.

RECEITAS DE OUTONO

15. Frite as rosquinhas dos dois lados até que estejam fofas e douradas, por cerca de 2 a 3 minutos de cada lado.
16. Retire as rosquinhas do óleo com uma escumadeira, deixando escorrer o máximo de óleo possível. Transfira para o prato forrado com papel-toalha para terminar de escorrer.
17. Deixe esfriar um pouco e depois polvilhe com açúcar de confeiteiro.
18. Sirva e delicie-se.

Rendimento	Tempo de preparo	Tempo de descanso	Tempo de cozimento
12 a 14 rosquinhas	20 minutos	3 horas	16 a 24 minutos

3 xícaras mais 1 colher (sopa) de farinha de trigo
¼ de xícara de açúcar, dividida em duas partes iguais
2¼ colheres (chá) de fermento biológico
1½ xícara, mais 2 colheres (sopa) de água
¼ de xícara de manteiga sem sal derretida

1 pitada de sal
2 gemas de ovo
Geleia de sua preferência
Óleo para fritar
Açúcar de confeiteiro, para decorar

Chá às margens da floresta

Com a chegada do outono, a vida no castelo se transforma em uma rotina confortável. Você já memorizou o horário das aulas (e sabe quais escadas deve evitar em determinados horários), tem os seus professores favoritos (todos os que não são fantasmas) e está aprendendo muito nas suas aulas prediletas (alguém aí gosta da aula de poções? Não?). Quem sabe você até tenha o privilégio de ser convidado para o chá da tarde na cabana do Guardião das Chaves e das Terras. Embora seus dotes culinários não se comparem aos dos elfos domésticos da cozinha do castelo, o que vale é a intenção. E os momentos passados naquela cabana quente e aconchegante são sempre cheios de felicidade, risos e, claro, criaturas mágicas.

Pães frescos

Estes pãezinhos frescos são os favoritos no mundo trouxa. Geralmente, eles são cobertos com açúcar perolado e, às vezes, são recheados com um torrão de açúcar. Esses pãezinhos deliciosamente aerados são perfeitos para serem saboreados com uma xícara de chá.

1. Em uma tigela grande, esfarele a manteiga e a farinha até virar uma farofa úmida.
2. Em seguida, adicione o fermento em um lado da tigela e o sal e o açúcar (a primeira metade) no outro lado, para evitar que o fermento e o sal entrem em contato direto. Mexa bem.
3. Adicione 1 xícara de leite aos ovos levemente batidos e mexa com cuidado.
4. Despeje o leite com os ovos por cima da farinha. Mexa com cuidado.
5. Adicione as sementes de cominho e mexa de novo.
6. Usando as mãos ou uma colher de pau, misture tudo até criar uma massa pegajosa.
7. Coloque a massa em uma superfície levemente enfarinhada e sove por 6 a 8 minutos.
8. Transfira a massa para uma tigela grande, cubra e deixe descansar por 2 horas para dobrar de tamanho.
9. Forre uma assadeira com papel-manteiga.
10. Quando a massa dobrar de tamanho, coloque-a de volta na superfície enfarinhada e achate-a, formando um disco. Corte a massa em 12 pedaços iguais e forme bolinhas com cada pedaço.
11. Coloque as 12 bolinhas de massa em uma assadeira. Cubra com um pano de prato úmido e deixe crescer novamente por 45 minutos.
12. Preaqueça o forno a 180°C.
13. Para fazer o glacê, misture o restante do leite e o açúcar e mexa até o açúcar dissolver. Pincele os pãezinhos com metade do glacê e reserve o restante para depois.
14. Asse por 20 a 25 minutos ou até ficar bem dourado.
15. Retire do forno e coloque imediatamente em uma grade ou em cima de um pano de prato seco para esfriar.
16. Pincele o restante do glacê enquanto os pãezinhos ainda estiverem quentes e polvilhe as sementes de cominho ou açúcar perolado por cima.
17. Sirva morno.

RECEITAS DE OUTONO

Rendimento	Tempo de preparo	Tempo de cozimento
12 pãezinhos	20 a 25 minutos, mais 2 horas e 45 minutos para crescer	20 a 25 minutos

120 g de manteiga sem sal em temperatura ambiente
3 ⅓ xícaras de farinha de trigo
2 ¼ colheres (chá) de fermento biológico
1 pitada de sal
9 colheres (sopa) de açúcar, dividido em duas partes iguais
1 xícara mais 2 colheres (sopa) de leite
2 ovos, levemente batidos
1 colher (sopa) de semente de cominho
Açúcar perolado ou mais um pouco de sementes de cominho, para decorar

Biscoitos de pedra

Não leve ao pé da letra: apesar do nome, esses biscoitos não precisam ser tão duros quanto uma pedra. Também conhecidos como pães de pedra, esses bolinhos quebradiços são feitos com menos ovos e açúcar do que um bolo normal e geralmente contêm frutas secas na receita. É melhor saboreá-los enquanto ainda estão quentes, com uma xícara de chá preparado na hora.

1. Preaqueça o forno a 220°C. Forre uma assadeira com papel-manteiga ou tapete culinário de silicone.
2. Peneire a farinha, o fermento e as especiarias em uma tigela média. Reserve.
3. Na batedeira, bata a manteiga e o açúcar até obter uma textura de farofa.
4. Adicione o ovo à manteiga e ao açúcar batidos e bata até virar um creme.
5. Adicione a farinha peneirada e o leite.
6. Assim que a massa estiver homogênea, acrescente as uvas-passas.
7. Misture até espalhar bem as frutas na massa. Cuidado para não bater demais. A textura da massa deve ficar irregular e com um aspecto levemente seco.
8. Com o auxílio de dois garfos, coloque porções irregulares da massa na assadeira, moldando os biscoitos. Deixe uma distância de aproximadamente 5 cm entre eles.
9. Coloque a assadeira na parte superior do forno e asse por 12 a 15 minutos, ou até que a parte de cima dos biscoitos comece a dourar.
10. Retire do forno e coloque em uma grade para esfriar. Deixe esfriar por 10 a 20 minutos antes de servir.

Rendimento	Tempo de preparo	Tempo de cozimento
12 biscoitos	10 minutos	12 a 15 minutos

1½ xícara de farinha de trigo
1½ colher (chá) de fermento em pó
½ colher (chá) de mix de especiarias (canela, noz--moscada, cravo e gengibre em pó)
6 colheres (sopa) de manteiga gelada
⅓ de xícara de açúcar
1 ovo
5 colheres (sopa) de leite
½ xícara de uvas-passas

RECEITAS DE OUTONO

Escondidinho de carne sem garras

Ninguém sabe ao certo que tipo de carne o nosso meio-gigante favorito usava para preparar o prato que tinha um "ingrediente" misterioso – até onde se sabe, vacas não têm garras! Esta receita (sem garras!) é perfeita para um almoço farto em um dia de outono – e, aqui, sabemos exatamente que tipo de carne ela leva.

1. Preaqueça o forno a 200°C.
2. Em fogo médio-alto, preaqueça uma frigideira de ferro que possa ir ao forno.
3. Quando a frigideira estiver quente, coloque a carne moída e deixe dourar.
4. Escorra a gordura da carne e retorne-a à frigideira.
5. Adicione as ervilhas, cenouras, cebola e especiarias, mexendo até incorporar bem.
6. Acrescente as folhas de coentro à carne e aos legumes.
7. Em seguida, coloque o purê de batata por cima da carne e pressione com uma colher, formando uma camada por cima.
8. Polvilhe a salsinha sobre as batatas.
9. Regue o azeite por cima do purê e pincele usando um pincel culinário.
10. Leve ao forno e asse por 40 a 45 minutos, ou até que as batatas fiquem douradas.
11. Retire do forno e deixe esfriar por 2 a 3 minutos antes de servir.

<u>Rendimento</u>
6 porções

<u>Tempo de preparo</u>
15 minutos, mais o tempo de fazer o purê de batatas

<u>Tempo de cozimento</u>
40 a 45 minutos

½ quilo de carne moída
1½ xícara de ervilhas frescas e cozidas
2 a 3 cenouras médias, cortadas em fatias finas
1 cebola pequena bem picada
1 colher (chá) de sal
2 colheres (chá) de tempero italiano
½ colher (chá) de pimenta-do-reino moída na hora
1 punhado de folhas de coentro frescas
4½ a 5 xícaras de purê de batatas
Salsinha
Azeite de oliva

Dia das Bruxas

Nós sabemos que o Dia das Bruxas é uma festa importante entre os humanos. Afinal de contas, é uma das únicas ocasiões em que eles podem se vestir como feiticeiros e bruxas sem parecerem malucos. Mas o Dia das Bruxas também é muito celebrado em Hogwarts, com alunos e funcionários curtindo momentos de pura diversão sinistra – a menos que haja um troll na masmorra! O banquete do Dia das Bruxas é muito semelhante ao banquete do início do semestre, com a adição de algumas guloseimas extras, como abóbora assada e maçãs carameladas. Se você deseja criar um banquete digno de centenas de lanternas de abóbora flutuantes e milhares de morcegos de verdade, você pode combinar as receitas do banquete de início de ano com as receitas que apresentaremos agora. Se você quiser um evento mais descontraído, estas receitas a seguir serão mais do que suficientes.

Bolo de cenoura

O bolo de cenoura é um complemento maravilhoso para qualquer refeição, seja no outono ou em qualquer outra estação. O legal do bolo de cenoura é que você pode adaptá-lo ao seu gosto, tirando as frutas cristalizadas, adicionando algumas castanhas, colocando mais cobertura... Você decide! Para dar um toque ainda mais mágico ao seu bolo, você pode adicionar algumas decorações fofas em formato de cenoura.

1. Preaqueça o forno a 180°C.
2. Prepare uma fôrma de bolo com furo no meio, untando com uma leve camada gordura de sua preferência.
3. Em uma tigela média, misture todos os ingredientes, exceto os ovos, as nozes e os ingredientes da cobertura, até que tudo esteja bem misturado.
4. Adicione um ovo de cada vez, misturando bem a massa entre cada adição.
5. Adicione as nozes-pecã e misture novamente até homogeneizar.
6. Despeje a massa na fôrma untada e leve ao forno por 1 hora e 20 minutos.
7. Deixe esfriar em uma grade por 2 horas antes de retirar da fôrma.
8. Enquanto o bolo esfria, prepare a cobertura de cream cheese. Em uma tigela média, misture todos os ingredientes. Bata até ficar cremoso.
9. Quando o bolo estiver frio, polvilhe com açúcar de confeiteiro ou cubra com a cobertura de cream cheese.

OBSERVAÇÃO

As fôrmas decoradas com furo no meio proporcionam um visual encantador ao bolo. Se você tiver uma dessas fôrmas, é recomendado usá-la para assar o bolo. Caso contrário, você pode optar por uma fôrma simples com furo no meio, como uma fôrma de pudim, ou até mesmo uma fôrma tradicional retangular de 20x30 cm.

RECEITAS DE OUTONO

Rendimento	Tempo de preparo	Tempo de cozimento
24 porções pequenas	15 minutos	1 hora e 20 minutos

2 xícaras de açúcar
1½ de xícara de azeite de oliva
1½ xícaras de cenoura ralada
340 g de cenoura batida no liquidificador
3 xícaras de farinha de trigo
2 colheres (chá) de fermento em pó
2 colheres (chá) de bicarbonato de sódio
1 colher (chá) de sal
2 colheres (chá) de canela em pó
½ colher (chá) de noz-moscada ralada
4 ovos
½ xícara de nozes-pecã
Açúcar de confeiteiro para polvilhar

Cobertura de cream cheese
½ xícara de manteiga amolecida
200 g de cream cheese amolecido
4 xícaras de açúcar de confeiteiro
1 colher (chá) de extrato de baunilha

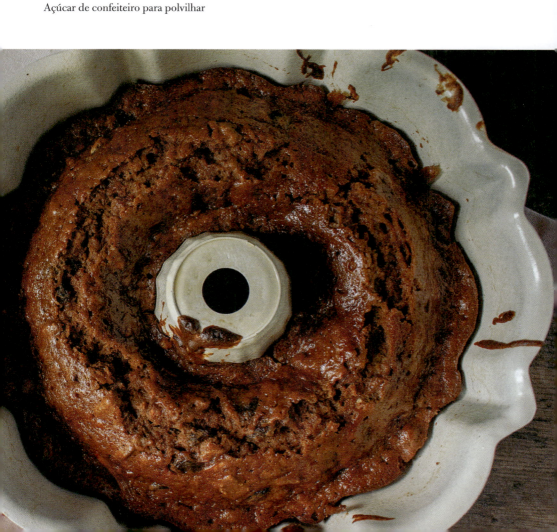

RECEITAS DE OUTONO

Abóbora assada

Seria uma negligência imperdoável se os elfos domésticos esquecessem de incluir a abóbora mais famosa da estação no cardápio da mesa de doces. Esta receita é rápida e fácil: basta cortar a abóbora (e reservar as sementes para torrar depois), temperar e levar ao forno para assar. Em pouco tempo, você terá um prato quente e delicioso, perfeito para o outono!

1. Preaqueça o forno a 200°C.
2. Coloque as fatias de abóbora em uma assadeira. Regue a abóbora com azeite e use um pincel culinário para espalhar o azeite por toda a fatia.
3. Em seguida, salpique os temperos e o açúcar nas fatias.
4. Leve a assadeira ao forno e asse por 20 minutos ou até que as bordas da abóbora comecem a dourar.
5. Retire do forno e deixe esfriar por 5 minutos antes de servir.

Rendimento	Tempo de preparo	Tempo de cozimento
4 porções	5 minutos	20 minutos

1 abóbora pequena ou ¼ de uma abóbora grande, sem sementes e cortada em fatias de 2,5 cm de espessura
2 colheres (sopa) de azeite de oliva
1 pitada de cravo em pó
1 colher (chá) de canela em pó
¼ de colher (chá) de noz-moscada ralada
1 colher (chá) de sal
2 colheres (sopa) de açúcar mascavo
Queijo feta, sementes e salsinha picada, para finalizar (opcional)

Cachos de baratas

Esta receita pode parecer um pouco assustadora para algumas pessoas, mas ela é feita com ingredientes que agradam os mais diversos paladares, como nozes, chocolate e marshmallows.

1. Forre uma assadeira com papel-manteiga.
2. Leve uma panela ao fogo médio e, em banho-maria, misture o chocolate e a manteiga. Mexa sem parar para não deixar queimar.
3. Quando boa parte do chocolate estiver derretida, depois de 3 a 5 minutos, abaixe o fogo. Continue mexendo.
4. Adicione o leite e mexa até ficar homogêneo, por cerca de 2 minutos. Retire do fogo.
5. Misture as nozes, os marshmallows e o coco. Mexa até que todos os ingredientes estejam completamente cobertos com chocolate.
6. Despeje 1 colher (sopa) do chocolate no papel-manteiga. Deixe um pequeno espaço entre cada doce.
7. Leve à geladeira e deixe esfriar por 4 horas.

Rendimento	Tempo de preparo	Tempo de cozimento	Tempo de resfriamento
36 cachos	5 minutos	7 a 12 minutos	4 horas

340 g de chocolate meio amargo
2 colheres (sopa) de manteiga sem sal
3 colheres (sopa) de leite
¼ de xícara de nozes-pecã, quebradas
½ xícara de mini marshmallows
3 colheres (sopa) de coco ralado

Fatias de maçã carameladas

Essas fatias de maçã caramelada são perfeitas para festas e são muito mais fáceis de comer do que uma maçã inteira. Além disso, você pode personalizá-las com diversas coberturas! Experimente adicionar chocolate, nozes trituradas ou coco. Um clássico como esse é infalível!

1. Espete um palito de madeira em cada fatia de maçã.
2. Misture o caramelo e o creme de leite em uma tigela que possa ir ao micro-ondas. Leve ao micro-ondas em potência alta, parando a cada 30 segundos para mexer até que o caramelo e o creme estejam totalmente derretidos e misturados.
3. Em uma tigela que vá ao micro-ondas, derreta as gotas de chocolate meio amargo com 1 colher (chá) de óleo, parando a cada 15 segundos para mexer, até que o chocolate derreta por completo.
4. Em uma tigela que vá ao micro-ondas, derreta as gotas de chocolate ao leite com 1 colher (chá) de óleo, parando a cada 15 segundos para mexer, até que o chocolate derreta por completo.
5. Derreta as gotas de chocolate branco com 1 colher (chá) de óleo em uma tigela que vá ao micro-ondas, parando a cada 15 segundos para mexer, até que o chocolate derreta por completo.
6. Pincele as maçãs com suco de limão para que não escureçam.
7. Mergulhe as fatias no caramelo ou no chocolate derretido e deixe escorrer o excesso. Coloque as fatias cobertas em uma assadeira forrada com papel-manteiga para firmar.
8. Repita até que todas as fatias estejam banhadas de caramelo ou chocolate.
9. Cubra com o coco ralado, os amendoins ou as castanhas picadas.

Rendimento	Tempo de preparo	Tempo de cozimento
15 fatias	20 minutos	5 minutos

5 maçãs médias, verdes e vermelhas, sem caroço e cortadas em fatias de 2,5 cm de espessura
500 g de caramelo
2 colheres (sopa) de creme de leite fresco
⅔ de xícara de gotas de chocolate meio amargo
3 colheres (chá) de óleo vegetal
⅔ de xícara de gotas de chocolate ao leite
⅔ de xícara de gotas de chocolate branco
Suco de 1 limão
¼ de xícara de coco ralado
½ xícara de amendoim ou castanha de sua preferência, picados
15 palitos de madeira

Uma festa fantasmagórica

Durante a sua vida escolar, você pode até fazer amizade com alguns fantasmas. Quem sabe você seja até convidado para uma festa de "morteversário" no Dia das Bruxas, embora isso signifique trocar o banquete no salão principal por uma refeição nojenta à base de comida podre e embolorada. Mas para quem quer fazer o que é certo e ajudar os amigos (ou para quem vai à festa arrastado), aqui estão algumas receitas saborosas para tornar uma noite ao som de serrotes musicais com freiras macabras na pista de dança muito mais memorável.

Peixe assado

Se você está planejando comemorar o seu próprio "morteversário", é importante ter um prato principal apetitoso para a refeição. Nosso fantasma quase-sem-cabeça favorito decidiu servir seu prato principal de peixe podre em travessas de prata muito elegantes. Nesta receita, você pode substituir o peixe podre por peixe fresco. Afinal de contas, se você vai convidar pessoas que ainda estão vivas, é melhor servir alguma coisa que elas também possam comer.

1. Preaqueça o forno a 190°C.
2. Faça um invólucro para o peixe dobrando um pedaço de papel-alumínio, formando uma espécie de envelope. Pincele as bordas com ovo batido para selar. Se preferir, utilize um saco de papel pardo. Deixe um dos lados aberto. Reserve.
3. Em uma panela grande, leve água para ferver com uma pitada de sal.
4. Coloque as batatas na água e deixe cozinhar por 6 a 7 minutos. Escorra-as e deixe esfriar enquanto prepara os outros legumes.
5. Misture a erva-doce, as rodelas de limão, a cebola, o tomate cereja, as azeitonas e o alho na tigela com as batatas resfriadas e com o peixe.
6. Regue o peixe e os legumes com um pouco de azeite de oliva.
7. Tempere com sal, pimenta e endro.
8. Adicione o suco de limão.
9. Misture tudo com cuidado para espalhar bem o azeite.
10. Transfira todos os ingredientes para o papel-alumínio ou papel pardo.
11. Polvilhe com as folhas de erva-doce reservadas.
12. Coloque o saco em uma assadeira e leve a assadeira ao forno.
13. Asse por 18 a 20 minutos ou até que as batatas e o peixe estejam bem cozidos.
14. Para servir, coloque o envelope em uma travessa e fure delicadamente para liberar o vapor. Distribua as porções individualmente com o molho formado dentro do envelope e sirva acompanhado dos legumes de sua preferência, como vagem ou brócolis.

Rendimento	Tempo de preparo	Tempo de cozimento
4 porções	20 a 25 minutos	24 a 27 minutos

1 ovo
4 batatas Asterix grandes, picadas
2 cebolas pequenas, picadas
200 g de erva-doce fresca, picada (reservar as folhas)
2 limões fatiados
8 tomates cereja frescos, cortados ao meio
1 punhado de azeitonas, sem caroço

2 dentes de alho, descascados e picados
4 trutas ou outro peixe branco, com cabeça e rabo
Azeite de oliva
Sal e pimenta-do-reino a gosto
1 colher (chá) de endro
Suco de 1 limão

Ensopado estilo Haggis

O Haggis é um prato tradicional feito com vários ingredientes muito interessantes, como pulmão de ovelha. Como alguns desses ingredientes não estão disponíveis no mercado (e, na verdade, são até ilegais), esta receita é um ensopado inspirado nos sabores fortes e marcantes que você provaria no Haggis tradicional.

1. Leve a carne à panela de cozimento lento ou à panela de pressão.
2. Em uma tigela pequena, misture a farinha, a pimenta moída e o sal.
3. Depois de misturar, polvilhe a carne com a farinha e mexa bem para cobrir e temperar toda a peça.
4. Misture os outros temperos secos com o molho inglês, a cebola, as batatas, o aipo e as cenouras. Coloque todos os ingredientes na panela.
5. Despeje o caldo de carne e a água e mexa de novo até que toda a carne e os legumes estejam cobertos e o caldo e a água estejam homogêneos.
6. Tampe a panela.
7. Se estiver usando uma panela de cozimento lento, coloque em temperatura alta por 6 horas. Se estiver usando uma panela de pressão elétrica, use a configuração para carne. Depois de cozinhar por 1 hora, solte o vapor e deixe o ensopado cozinhar em fogo baixo por mais uma hora ou deixe descansar na configuração "manter aquecido".
8. Sirva quente, polvilhado com salsinha ou ervas frescas de sua preferência.

Rendimento	Tempo de preparo	Tempo de cozimento	Tempo de descanso (opcional)
6 a 8 porções	20 minutos	1 hora (panela de pressão) ou 6 horas (cozimento lento)	1 hora

750 g de carne bovina para panela (acém, músculo, paleta, lagarto, coxão mole)
¼ de xícara de farinha de trigo
1½ colher (chá) de pimenta-do-reino moída na hora
1½ colher (chá) de sal
1 colher (chá) de alho em pó
2 folhas de louro
2 colheres (chá) de páprica

2 colheres (chá) de molho inglês
1 cebola picada
3 batatas picadas
1 talo de aipo picado
4 cenouras fatiadas
1½ xícara de caldo de carne
1 xícara de água
Salsinha ou ervas frescas, para decorar

RECEITAS DE OUTONO

Bolo Red Velvet de aniversário com cobertura acinzentada

Não há festa de morteversário completa sem um belo bolo comemorativo! O bolo da festa de morteversário mais famosa foi uma coisa assustadora, com formato de lápide e coberto por um glacê cinza. Embora esta receita utilize uma fôrma de bolo circular (mais fácil de encontrar), sinta-se à vontade para esculpir o bolo no formato assustador que você desejar. Não se esqueça de escrever o seu nome e a fatídica data no topo do bolo!

1. Preaqueça o forno a 180°C.
2. Unte ligeiramente 3 fôrmas redondas (15 cm de diâmetro) com azeite ou óleo de coco.
3. Em uma tigela grande, coloque a farinha, o açúcar, o cacau em pó, o bicarbonato de sódio e o sal com um batedor de arame. Misture até homogeneizar todos os ingredientes.
4. Em outra tigela, junte o leitelho, as claras, o corante alimentício, o vinagre e a baunilha. Misture até homogeneizar.
5. Adicione o iogurte ao líquido, colocando 100 ml de cada vez. Misture bem e adicione o restante do iogurte.
6. Despeje o líquido por cima da farinha. Misture bem até formar uma massa e os grumos desaparecerem.
7. Despeje a massa nas assadeiras e leve-as para assar na grade inferior do forno. Asse por 30 a 35 minutos ou até que um palito saia limpo ao ser espetado na massa.
8. Deixe os bolos esfriarem completamente nas fôrmas antes de desenformar.
9. Cubra o topo de um dos discos de bolo com o glacê cinza.
10. Coloque um bolo sem cobertura por cima do bolo já coberto. Cubra com o glacê.
11. Repita com o terceiro disco, cobrindo a parte superior e as laterais de todo o bolo.
12. Se desejar, decore o topo e as laterais do bolo com as nozes-pecãs.

RECEITAS DE OUTONO

Rendimento	Tempo de preparo	Tempo de cozimento
10 a 12 fatias	20 minutos	30 a 35 minutos

2½ xícaras de farinha de trigo
1⅓ xícara de açúcar
2½ colheres (sopa) de cacau em pó
1 colher (chá) de bicarbonato de sódio
1 colher (chá) de sal
1½ xícara de leitelho (*buttermilk*) ou substituto (p. 75)
2 claras de ovo
1 colher (sopa) de corante alimentício vermelho

1 colher (chá) de vinagre de vinho branco
1½ colher (chá) de extrato de baunilha
1 xícara de purê de maçã sem açúcar
200 ml de iogurte natural
Glacê cinza (página 75)
½ xícara de nozes-pecãs quebradas (opcional)

Glacê cinza

1. Bata a manteiga e o cream cheese na batedeira até ficar completamente homogêneo. Raspe as laterais da tigela.
2. Acrescente o extrato de baunilha.
3. Adicione o açúcar de confeiteiro, uma xícara de cada vez, batendo até misturar completamente e ficar homogêneo. Reserve.
4. Adicione o corante alimentício vermelho e verde em partes iguais e misture até criar uma cor cinza uniforme. Se precisar, adicione mais 3 a 4 gotas de cada vez das duas cores até chegar no tom de cinza desejado.

OBSERVAÇÃO

- É fácil fazer um substituto para o leitelho. Em um copo medidor de 200 ml, coloque 1½ colher (sopa) de vinagre branco. Encha o resto do copo com leite. Misture e deixe descansar por 5 minutos antes de usar.
- Meça a quantidade de corante alimentício em uma colher medidora antes de adicioná-lo à cobertura. Evite pingar o corante diretamente na cobertura, pois pode ser difícil controlar a quantidade de gotas dessa forma. Se desejar um tom de cinza mais escuro, adicione várias gotas. Para obter um cinza mais claro, adicione poucas gotas de cada cor.

½ xícara de manteiga amolecida
200 g de cream cheese amolecido
1 colher (chá) de extrato de baunilha
3 xícaras de açúcar de confeiteiro peneirado
Corante alimentício vermelho e verde

Receitas
de inverno

Embora Hogwarts seja mágica em todas as estações, o inverno no castelo é ainda mais encantador. O chão fica coberto de neve fresca, o Grande Lago congela e o castelo é decorado com muita elegância. No salão principal, doze abetos imponentes emanam um aroma fresco de pinho, enquanto velas e flocos de neve flutuam sobre as mesas. Enfeites de Natal gigantes irradiam a luz por todo o ambiente. Até as armaduras entram em clima de festa, entoando canções de Natal para quem passa por ali.

Os alunos que permanecem no castelo durante as férias mal podem imaginar o que os espera. Para o nosso amigo de óculos (que costumava receber presentes modestos de seus parentes, como moedas, lenços e biscoitos de cachorro), as férias de inverno em Hogwarts são um verdadeiro espetáculo. Ali, ele recebe presentes de verdade! Ele curte a companhia dos seus melhores amigos e, é claro, participa do maravilhoso jantar de Natal.

Natal

Depois de acordar, ganhar presentes de verdade e passar um tempo na companhia do seu melhor amigo, é difícil imaginar como o Natal poderia ficar ainda melhor. A resposta para essa pergunta é fácil: com a festa de Natal! É o final perfeito para um feriado perfeito, repleto de comidas, bebidas e, claro, bombinhas de bruxo que explodem com surpresas dentro. Neste capítulo, você encontrará receitas tradicionais clássicas, que ficam ainda mais gostosas se você estiver com um sorriso no rosto e uma coroa de papel na cabeça. Feliz Natal!

Muffins ingleses

Esses muffins são a escolha perfeita para o café da manhã de Natal, e os alunos que ficam no castelo durante as férias costumam se deliciar com eles. Derreta um pouco de manteiga sobre os muffins e sirva enquanto ainda estiverem quentes. Que delícia!

1. Em uma tigela média, misture o açúcar, o fermento e o leite morno. Deixe descansar por 10 minutos, até começar a espumar.
2. Em outra tigela, misture a farinha e o sal.
3. Assim que o leite começar a espumar, despeje-o na farinha e mexa com uma espátula até formar uma massa pesada.
4. Cubra a tigela com plástico-filme e deixe repousar em um local quente por 1 hora, deixando a massa crescer até quase dobrar de tamanho.
5. Depois que a massa crescer, dissolva o bicarbonato de sódio na água morna em uma tigela pequena. Depois de misturar, adicione o líquido à massa. Bata a massa por alguns minutos. Você verá que a massa ficará cheia de grumos.
6. Cubra a massa e deixe descansar por mais 30 minutos para crescer e começar a formar bolhas. Depois que a massa crescer, preaqueça uma frigideira de ferro fundido em fogo médio. Para moldá-la, use aros de metal, que devem ser untados por dentro.
7. Assim que a frigideira estiver quente, adicione um pouco de óleo. Coloque os aros na frigideira, aumentando o fogo para médio-alto.
8. Quando os aros estiverem quentes, despeje a massa no centro de cada aro, enchendo até a metade da altura.
9. Frite os muffins por 8 a 10 minutos, ou até que estejam firmes e o topo esteja bem cozido, formando buraquinhos na superfície, e a parte de baixo esteja levemente dourada.
10. Retire os aros e vire os muffins. Frite por mais 2 minutos para dourar levemente a parte de cima. Ou, se você quiser servir mais tarde, deixe para dourar a parte de cima apenas na hora de servir.

OBSERVAÇÃO

Se você não conseguir encontrar aros de metal, use cortadores de biscoito ou qualquer acessório semelhante.

RECEITAS DE INVERNO

Rendimento	Tempo de preparo	Tempo de cozimento
10 muffins	15 minutos, mais 1 hora e 40 minutos para descansar	10 a 12 minutos

1 colher (chá) de açúcar
1 colher (sopa) de fermento biológico
1 xícara de leite morno
2 xícaras de farinha de trigo
1 colher (chá) de sal
½ colher (chá) de bicarbonato de sódio
1 xícara de água quente

Peru assado

Um peru assado bem dourado é presença obrigatória em qualquer jantar tradicional de Natal. Embora o preparo possa ser um pouco trabalhoso, principalmente se você não contar com a ajuda de uma varinha mágica ou de um elfo doméstico, não deixe de tentar.

1. Preaqueça o forno na temperatura correta com base na tabela que se encontra na página 84.
2. Misture todos os ingredientes da manteiga aromática até que os temperos e as ervas estejam bem incorporados à manteiga. Reserve.
3. Forre uma assadeira grande com papel-alumínio e espalhe ¼ de xícara de azeite por toda a assadeira de maneira uniforme.
4. Disponha metade das fatias de laranja e limão em toda a assadeira, sempre de maneira uniforme.
5. Polvilhe o alho em pó, a cebola em flocos, o sal marinho, a pimenta-do-reino moída e a salsinha desidratada por cima de toda a cobertura de azeite e frutas cítricas.
6. Retire os miúdos do peru da cavidade, caso tenham sido deixados dentro da ave.
7. Coloque o peru na assadeira com o peito virado para baixo.
8. Coloque os dentes de alho descascados e picados dentro da cavidade da ave.
9. Recheie o peru com a outra metade das rodelas de laranja e limão.
10. Para evitar que o exterior queime ou fique ressecado, use um garfo para esfregar metade da manteiga de ervas na pele do peru, espalhando por toda a superfície. A manteiga vai se espalhar de forma irregular, mas não tem problema.
11. Regue o restante do azeite sobre o peru.
12. Tempere o peru suavemente com sal e pimenta para destacar o sabor. Cubra a ave e leve ao forno.
13. Ajuste o cronômetro e asse o peru por aproximadamente metade do tempo informado na tabela da página seguinte.
14. Tire o peru do forno e vire-o para o outro lado usando um pano limpo ou luvas térmicas, de modo a deixar o peito virado para cima.
15. Usando um garfo, espalhe o restante da manteiga de ervas sobre o peito do peru e tempere com mais um pouco de sal e pimenta. A manteiga vai derreter rapidamente por causa do calor, então não se preocupe com os grumos que se formarem.
16. Reduza a temperatura do forno para 160°C em fornos regulares ou 150°C em fornos ventilados.
17. Regue a ave com o caldo que se formar na assadeira e cubra com papel-alumínio. Asse por mais uma hora.
18. Regue o peru mais uma vez, cubra e asse por mais 30 minutos.
19. Após meia hora, regue o peru pela última vez com o caldo da assadeira e leve de volta ao forno sem cobrir. Asse o peru pelo restante do tempo até que o pino de temperatura salte.

20. Insira um termômetro de carne entre o peito e a coxa para verificar a temperatura interna. A temperatura deve estar em 75°C.
21. Se a temperatura estiver certa, retire o peru do forno e deixe esfriar por 5 a 7 minutos antes de transferir para a travessa de servir. Se a temperatura não estiver correta, regue novamente a ave com o caldo da assadeira e leve de volta ao forno, sem cobrir, por mais 20 a 30 minutos.
22. Se necessário, repita esse processo até atingir a temperatura adequada para servir com segurança.

OBSERVAÇÃO

Se você gosta de pele bem crocante, ligue a serpentina do forno nos últimos 5 a 10 minutos do tempo de cozimento. Mas fique de olho para não deixar queimar. Se você perceber que o peru está dourando muito rápido, coloque um pedaço de papel-alumínio solto por cima da assadeira.

TEMPO DE COZIMENTO DO PERU

Para assar um peru, o tempo de cozimento vai depender do tipo de forno a ser usado. Conforme o tamanho do peru, o tempo de cozimento também pode variar. Esta tabela vai ajudar você a descobrir como combinar o tipo de forno e o tamanho do peru para preparar um verdadeiro banquete natalino.

Tabela de temperatura do forno

Forno ventilado: 200°C   Forno convencional: 220°C

Tabela de tamanho do peru

Lembre-se de que o tempo é aproximado. Fatores como altitude e precisão da temperatura do forno também afetam o tempo exato de cozimento.

4 kg	2 horas e 15 minutos
5 kg	2 horas e 35 a 45 minutos
6 kg	3 horas
7 kg	3 horas e 15 a 20 minutos
9 kg	3 horas e 45 a 55 minutos
10 kg	4 horas e 15 a 20 minutos

Rendimento	Tempo de preparo	Tempo de cozimento
450 g de peru rendem uma porção	15 minutos	Variável

Manteiga aromática

8 colheres (sopa) de manteiga amolecida
¼ de xícara de folhas de coentro finamente picadas sem o caule
4 dentes de alho bem picados ou moído
½ colher (chá) de sal marinho
½ colher (chá) de pimenta-do-reino moída na hora

Peru assado

½ xícara de azeite de oliva
2 laranjas fatiadas

2 limões fatiados
½ colher (chá) de alho em pó
½ colher (chá) de cebola em flocos
¼ colher (chá) de sal marinho, e mais um pouco quando indicado
½ colher (chá) de pimenta-do-reino moída na hora, e mais um pouco quando indicado
½ colher (chá) de salsinha desidratada
1 peru (de 5 a 7 kg)
6 a 8 dentes de alho

RECEITAS DE INVERNO

Sanduíche de sobras de peru

Depois de todo o trabalho que você teve para assar o peru em casa, nem pense em desperdiçar as sobras! Esses sanduíches são tão gostosos que farão você reviver todo o sabor do Natal.

1. Espalhe um pouco de cream cheese em uma fatia de pão.
2. Coloque uma camada grossa de fatias de peru assado.
3. Acrescente um pouco de recheio.
4. Regue com um pouco de molho de cranberry.
5. Adicione um punhado de folhas de espinafre frescas e cubra com a outra fatia de pão.
6. Pressione levemente para o sanduíche fechar bem.
7. Sirva imediatamente.

OBSERVAÇÃO
Se você não tem recheio e molho de cranberry suficiente para o sanduíche, pode trocar por um molho ranch simples. A combinação do molho com cream cheese, espinafre e peru é uma opção simples, mas deliciosa.

Rendimento
1 sanduíche

Tempo de preparo
5 minutos

Cream cheese
2 fatias de pão integral ou pão de centeio
Sobras de peru assado
Sobras de recheio
Sobras de molho de cranberry
Um punhado de folhas de espinafre frescas

RECEITAS DE INVERNO

Linguiça agridoce

Esse prato à base de linguiça fresca com molho agridoce é um clássico do Natal em toda a Inglaterra. Esta receita inclui alguns ingredientes extras para deixar as linguiças ainda mais saborosas.

1. Coloque todos os ingredientes em uma travessa que possa ir ao forno.
2. Cubra a travessa com papel-alumínio e deixe marinar por 2 horas.
3. Preaqueça o forno a 200°C.
4. Retire o papel-alumínio e leve a travessa ao forno. Asse por 30 a 40 minutos ou até o bacon ficar crocante.
5. Retire a travessa do forno e deixe as linguiças esfriarem por 1 a 2 minutos.
6. Sirva quente.

Rendimento	Tempo de preparo	Tempo de cozimento
6 porções	10 minutos, mais 2 horas para marinar	30 a 40 minutos

300 a 350 g de linguiça aperitivo
4 fatias de bacon cortadas em cubinhos
4½ colheres (sopa) de xarope de bordo
¼ de xícara de suco de abacaxi
¼ de xícara de pedaços de abacaxi

Molho de cranberry

Não há como saborear um peru assado sem um delicioso molho agridoce. Embora cada pessoa tenha uma receita de preferência, esta versão certamente agradará a todos devido ao toque cítrico da laranja e do limão.

1. Leve uma panela média ao fogo médio-baixo. Derreta a manteiga, polvilhe uma colher (sopa) de farinha e mexa bem até formar uma pasta. Adicione os sucos e o açúcar à panela e mexa bem até começar a engrossar.
2. Assim que o açúcar dissolver, adicione as raspas das frutas cítricas.
3. Mexa o molho constantemente até engrossar.
4. Retire a panela do fogo.
5. Transfira para uma tigela refratária.
6. Deixe esfriar de um dia para o outro.

OBSERVAÇÃO
Tecnicamente, você não precisa gelar o molho durante a noite, pois ele já ficará bem cremoso assim que esfriar. No entanto, ele ficará com uma textura mais agradável e firme se esfriar por mais tempo antes de ser servido.

Rendimento
11 porções

Tempo de preparo
5 minutos

Tempo de cozimento
25 minutos

1 xícara de suco de laranja
1 xícara de açúcar
500 ml de suco de cranberry
1 colher (sopa) de manteiga
1 colher (sopa) de farinha de trigo
Raspas de 1 limão
Raspas de 1 laranja

Pudim de Natal

O pudim de Natal é uma tradição que remonta à fundação de Hogwarts – talvez até antes! Muitas famílias têm suas receitas secretas para este tradicional prato natalino, que também é conhecido como pudim de frutas secas, então dá para imaginar que os cozinheiros do castelo preparam uma versão muito especial para os alunos e funcionários da escola.

1. Use uma fôrma com circunferência maior do que a sua fôrma de pudim e preencha com água até a metade da altura. Leve a fôrma ao fogo baixo, no fogão, para a água ferver enquanto você prepara o pudim.
2. Unte o interior da fôrma de pudim com manteiga e reserve.
3. Misture as frutas secas, a farinha, o bicarbonato de sódio, o sal, a manteiga, a farinha de rosca, o açúcar, as nozes e as especiarias em uma tigela grande. Misture muito bem para que a manteiga se espalhe por todos os ingredientes.
4. Adicione o leite e o ovo. Misture os ingredientes até a massa ficar homogênea. Coloque a massa na fôrma de pudim.
5. Corte dois quadrados de papel-alumínio de tamanho suficiente para cobrir a fôrma de pudim.
6. Unte com manteiga a parte interna do papel-alumínio e coloque as duas folhas por cima da fôrma. Faça uma dobra no meio da folha de papel-alumínio para dar espaço para o pudim crescer.
7. Coloque com cuidado a fôrma de pudim na água fervente. A água deve chegar até a metade da altura da fôrma. Caso contrário, acrescente mais água até chegar ao nível adequado.
8. Deixe o pudim cozinhar em banho maria por 3½ a 4 horas, com o papel-alumínio bem firme. Verifique o nível da água durante todo o processo de cozimento e vá completando à medida que a água evaporar.
9. Quando o pudim estiver firme o suficiente para ser desenformado em um prato, você pode servir imediatamente ou deixar esfriar por 10 minutos antes de embrulhar em plástico-filme e papel-alumínio para levá-lo à geladeira.
10. Regue o pudim com a calda de caramelo antes de servir.

Rendimento	Tempo de preparo	Tempo de cozimento
10 porções	15 minutos	3½ a 4 horas

1 xícara de uvas-passas
1 xícara de damascos secos picados
1½ xícara de farinha de trigo
1½ colher (chá) de bicarbonato de sódio
¼ de colher (chá) de sal
1 xícara de manteiga ralada e mais um pouco para untar a fôrma de pudim e o papel-alumínio
1 xícara de farinha de rosca
1 xícara de açúcar mascavo
1 xícara de nozes variadas

1 colher (chá) de canela em pó
¼ de colher (chá) de pimenta-da-jamaica moída
¼ de colher (chá) de noz-moscada ralada
¼ de colher (chá) de cravo em pó
¼ de colher (chá) de gengibre em pó
¼ de colher (chá) de coentro em pó
1 xícara de leite
1 ovo grande
Calda de caramelo (página 89)

Calda de caramelo

1. Misture todos os ingredientes em uma panela e leve ao fogo médio. Deixe levantar fervura. Deixe ferver por 2 a 3 minutos, mexendo sem parar.
2. Retire do fogo quando o açúcar tiver dissolvido completamente e a calda estiver com uma cor de caramelo claro e levemente espessa.

5 colheres (sopa) de manteiga
½ xícara de açúcar mascavo
¾ de xícara de creme de leite fresco
1 colher (chá) de extrato de baunilha

RECEITAS DE INVERNO

Gemada

Esta é uma receita tradicional de uma gemada muito cremosa. Não contém álcool, mas se você for adulto e quiser adicionar rum, ninguém irá julgar!

1. Na batedeira, bata as gemas em velocidade baixa por 2 minutos.
2. Acrescente ⅓ de xícara de açúcar, leite e creme de leite e bata até misturar bem.
3. Adicione as especiarias e misture em fogo baixo até homogeneizar.
4. Em outra tigela, bata as claras até formar picos firmes. Adicione aos poucos o restante do açúcar às claras sem parar de bater e continue até formar picos firmes.
5. Adicione o extrato de baunilha às gemas e bata até incorporar.
6. Adicione as claras em neve e misture com cuidado.
7. Deixe esfriar por 1 hora antes de servir.

Rendimento	Tempo de preparo	Tempo de resfriamento
8 porções	15 minutos	1 hora

4 ovos, claras e gemas separadas
⅓ de xícara mais 1 colher (sopa) de açúcar
4 xícaras de leite
1 xícara de creme de leite fresco
1 colher (chá) de canela em pó
1 colher (chá) de noz-moscada ralada
1½ colher (chá) de extrato de baunilha

RECEITAS DE INVERNO

Pavê

Aqui temos mais uma receita de pavê, desta vez com um toque de baunilha e chocolate. Perfeito para o Natal!

1. Quando o bolo estiver frio, corte-o em cubinhos.
2. Coloque os cubos de bolo no fundo de taças altas individuais de sobremesa.
3. Coloque uma camada de pudim sobre o bolo.
4. Faça uma camada com os biscoitos Oreo quebrados.
5. Adicione uma camada de chantilly para cobrir.
6. Repita as camadas de pudim, biscoito e chantilly. A camada superior deve ser chantilly, decorada com o pirulito e pedacinhos de biscoitos esfarelados.

Rendimento
20 porções

Tempo de preparo
15 a 20 minutos

1 bolo de chocolate redondo (20 cm de diâmetro) (receita na página 49), sem recheio ou cobertura

4 xícaras de pudim de baunilha

1 pacote de biscoitos Oreo quebrados em pedaços

1 pote de chantilly

Pirulitos em formato de bengala para enfeitar

Um bolo de Natal enviado por corujas

Pode ter certeza de que aquela simpática senhora que criou sete filhos ruivos sempre enviará deliciosas surpresas natalinas pelo correio-coruja. O bolo que ela enviou como presente certamente agradou mais do que o suéter marrom. Esta receita combina os sabores mais deliciosos da estação em um bolo inglês fácil de transportar – e aqui está o segredo para o transporte, já que as corujas do correio precisam de toda a ajuda possível!

1. Preaqueça o forno a 180°C.
2. Em uma tigela grande, misture a farinha, o bicarbonato de sódio, o gengibre, a noz-moscada e o sal. Reserve.
3. Em outra tigela grande, bata o açúcar e a manteiga até obter um creme homogêneo.
4. Adicione o melado e a baunilha à manteiga com açúcar e bata até homogeneizar.
5. Adicione os ovos, um de cada vez, e bata até incorporar.
6. Acrescente os ingredientes secos e o *buttermilk* alternadamente. Misture bem a cada adição antes de adicionar o próximo ingrediente.
7. Se desejar, adicione as nozes e misture até que estejam bem incorporadas à massa.
8. Despeje a massa na fôrma de pão untada e leve ao forno por 45 a 50 minutos.
9. Deixe esfriar na fôrma por 10 minutos e, em seguida, desenforme e coloque em uma grade para terminar de esfriar.
10. Enquanto o bolo esfria, misture todos os ingredientes do glacê em uma tigela e mexa até ficar homogêneo e líquido, no ponto certo para escorrer um pouco para as laterais do bolo.
11. Despeje o glacê por cima do bolo já frio e decore com o restante das nozes, se desejar.

Rendimento	Tempo de preparo	Tempo de cozimento
10 porções	15 minutos	45 a 50 minutos

2 xícaras de farinha de trigo
1 colher (chá) de bicarbonato de sódio
1½ colher (chá) de gengibre em pó
¾ de colher (chá) de noz-moscada ralada
½ colher (chá) de sal
¼ de xícara de açúcar
½ xícara de manteiga amolecida
½ xícara de melado
1 colher (chá) de extrato de baunilha

2 ovos
1 xícara de leitelho (*buttermilk*) ou substituto (p. 75)
½ xícara de nozes-pecã ou nozes chilenas (opcional), e mais um pouco para decorar

Glacê

1½ xícara de açúcar de confeiteiro
¼ de colher (chá) de extrato de baunilha
5 a 5½ colheres (chá) de leite

RECEITAS DE INVERNO

Barrinhas caseiras de caramelo

Essas barrinhas caseiras de caramelo, outra tradição do pacote de Natal, são a guloseima perfeita para você lanchar enquanto espera que o jantar de Natal seja servido no Salão Principal. Esta receita é rápida e fácil, e você pode quebrar em pedaços para compartilhar com todos os seus amigos.

1. Forre uma assadeira com papel-manteiga e reserve.
2. Deixe todos os ingredientes juntos e porcionados para evitar que queimem durante o cozimento.
3. Leve uma panela de 2 litros ao fogo médio e misture o açúcar, a glucose de milho, o sal e a água e deixe ferver. Mexa até dissolver o açúcar.
4. Adicione as nozes e mexa bem para incorporar.
5. Utilize um termômetro culinário para verificar a temperatura e continue cozinhando, mexendo sempre, até que a temperatura atinja 150°C.
6. Retire imediatamente a panela do fogo e misture a manteiga, a baunilha e o bicarbonato de sódio, mexendo bem rápido.
7. Despeje imediatamente na assadeira forrada.
8. Use uma espátula de silicone para espalhar o doce na assadeira o mais uniformemente possível.
9. Deixe o caramelo esfriar completamente em temperatura ambiente.
10. Quebre o doce em pedacinhos e sirva como desejar. Guarde em um recipiente hermético em temperatura ambiente.

Rendimento	Tempo de preparo	Tempo de cozimento
12 a 16 porções	5 minutos	10 a 15 minutos

1 xícara de açúcar
½ xícara de glucose de milho
¼ de colher (chá) de sal
¼ de xícara de água
1 xícara de nozes sem sal
2 colheres (sopa) de manteiga sem sal amolecida
1 colher (chá) de extrato de baunilha
1 colher (chá) de bicarbonato de sódio

Baile de Inverno

Tire as suas vestes do armário e confira se a poção embelezadora está em dia, pois chegou o dia do Baile de Inverno. Aproveite, pois esse grande evento só acontece a cada cinco anos. Depois de dançar ao som de um rock 'n' roll mágico e de uma valsa que agrada até o mais rígido dos professores, você precisará de um lanche bem reforçado. As receitas a seguir foram selecionadas para homenagear as escolas visitantes, com pratos emblemáticos dos dois países.

RECEITAS DE INVERNO

Bouillabaisse

Esta receita tradicional de bouillabaisse é de fazer qualquer semi-Veela sorrir e, ainda assim, muito fácil de preparar na cozinha da sua casa. Sinta-se à vontade para adicionar os seus frutos do mar favoritos para dar um toque pessoal à receita.

1. Descasque os camarões, desosse os peixes, retire as cascas das vieiras e dos caranguejos, reservando as cascas dos crustáceos, e reúna os demais ingredientes.
2. Leve a água para ferver e misture as cascas dos crustáceos com os grãos de pimenta, a folha de louro e a casca de laranja. Deixe ferver por 15 minutos.
3. Enquanto o caldo ferve, aqueça o azeite em fogo médio em um caldeirão.
4. Coloque o azeite de oliva e adicione as cebolas, alho-poró e funcho, junto com uma pitada de sal. Refogue os ingredientes em fogo baixo até ficarem macios, mas sem dourar.
5. Adicione o alho e refogue até ficar macio e perfumado.
6. Adicione os tomates e o vinho.
7. Aumente o fogo e deixe o vinho ferver. Deixe cozinhar até o vinho reduzir pela metade.
8. Passando por uma peneira, regue os legumes refogados com o caldo de camarão, coando as cascas.
9. Adicione um ramo de tomilho, sal marinho, açafrão e salsinha e deixe cozinhar em fogo baixo por 10 minutos.
10. Comece a adicionar os frutos do mar, começando pelo peixe.
11. Após cerca de 2 minutos, adicione os mexilhões, mariscos ou vieiras.
12. Aguarde mais cerca de 2 minutos e então adicione o camarão.
13. Deixe ferver em fogo baixo até que o camarão esteja cozido, por cerca de 2 a 3 minutos.
14. Retire do fogo e sirva imediatamente com pão fatiado, decorando com o tomilho restante.

Rendimento	Tempo de preparo	Tempo de cozimento
10 a 12 porções	15 minutos	38 a 40 minutos

9 xícaras de água
2 kg de frutos do mar mistos (peixe, camarão, mariscos, vieiras, caranguejo ou outros)
350 g de mexilhões limpos
1 folha de louro
12 grãos de pimenta-do-reino
Cascas de 1 laranja
¾ de xícara de azeite de oliva de boa qualidade
2 cebolas pequenas cortadas em fatias finas
2 alhos-porós fatiados

2 ramos de funcho
4 dentes de alho finamente picados
3 tomates grandes, sem pele, sem sementes e picados
1 xícara de vinho branco seco
2 ramos de tomilho fresco
1 colher (sopa) de sal marinho grosso
1 pitada de estigmas de açafrão
2 a 4 ramos de salsinha fresca picada
1 baguete, cortada em fatias de 1,5 cm de espessura

99

RECEITAS DE INVERNO

Gulache

Esta é uma versão mais ocidental do prato que se originou na Idade Média na Hungria. Embora todos os ingredientes sejam acessíveis para uma refeição do dia a dia, o resultado certamente irá matar a fome até do astro bonitão do esporte mais famoso do mundo mágico após uma longa noite de dança.

1. Preaqueça uma frigideira de ferro em fogo médio. Assim que a panela estiver aquecida, adicione a carne moída.
2. Deixe a carne dourar por 5 a 7 minutos e escorra o líquido que soltar.
3. Leve a frigideira de volta ao fogo médio e acrescente a cebola, o alho, a cenoura e uma colher (chá) de sal. Refogue por 5 a 7 minutos, até as cebolas ficarem translúcidas.
4. Encha uma panela grande com água e adicione uma pitada de sal. Deixe a água ferver.
5. Abaixe o fogo da carne e cubra a frigideira enquanto a água ferve.
6. Coloque o macarrão na água e cozinhe até ficar al dente.
7. Escorra a água do macarrão e leve de volta à panela em fogo baixo.
8. Adicione a carne à panela com o macarrão.
9. Adicione os tomates pelados à panela.
10. Adicione a pimenta e as ervas, mexendo até incorporar todos os temperos.
11. Adicione o pimentão.
12. Cozinhe em fogo baixo por 5 minutos ou até todos os ingredientes ficarem aquecidos.
13. Decore com salsinha fresca e sirva imediatamente.

Rendimento	Tempo de preparo	Tempo de cozimento
6 porções	10 minutos	30 minutos

500 g de carne de peru moída (pode ser substituído por carne bovina)
2 cebolas médias picadas
4 dentes de alho picados grosseiramente
4 cenouras grandes picadas
1 colher (chá) mais 1 pitada de sal
220 g de macarrão caracol

2 latas de 400 g de tomate pelado
½ colher (chá) de pimenta-do-reino moída
3 a 4 colheres (chá) de salsinha fresca picada, mais um pouco para decorar
2 colheres (chá) de manjericão desidratado
3 colheres (chá) de orégano seco
1 pimentão de qualquer cor picado

RECEITAS DE INVERNO

Coquetel de camarão

Além de ser supersimples de fazer, o coquetel de camarão é um aperitivo perfeito para qualquer festa ou baile elegante.

1. Leve uma panela grande ao fogo médio-alto e adicione a água, o sal e o açúcar.
2. Corte os limões ao meio e esprema o suco. Coloque o suco na panela, junto com o limão cortado ao meio.
3. Deixe a água ferver até dissolver o açúcar e o sal.
4. Retire a panela do fogo e coloque os camarões no caldo, escaldando-os, sem tampar a panela, por 3 a 4 minutos.
5. Depois de escaldar os camarões, jogue o gelo na panela com os camarões imediatamente para fazer um choque térmico.
6. Deixe o camarão descansar no gelo por 10 a 15 minutos.
7. Escorra os camarões e seque-os, dando batidinhas com um papel-toalha.
8. Cubra os camarões e leve à geladeira até a hora de servir, de preferência por mais de 1 hora.
9. Prepare o molho rosé: misture os ingredientes até ficar bem homogêneo. Deixe na geladeira por pelo menos uma hora e sirva com os camarões.

Rendimento	Tempo de preparo	Tempo de cozimento	Tempo de resfriamento
6 porções	20 a 25 minutos	5 a 7 minutos	1 hora ou um pouco mais

6 xícaras de água
1 colher (sopa) de sal
¼ de xícara de açúcar
2 limões
350 g de camarão fresco ou congelado, descascado, com a cauda
8 xícaras de gelo

Molho rosé

½ xícara de catchup
½ xícara de maionese
1 xícara de creme de leite
¼ de limão espremido
1 colher (chá) de raiz forte
¼ de colher (chá) de alho em pó
½ colher (chá) de pimenta-
-do-reino moída na hora

Manjar branco

O manjar branco é uma sobremesa impressionante, principalmente por causa do seu visual. Vale a pena usar uma fôrma bem bonita para o seu doce ficar digno do Baile de Inverno, mas se você tiver apenas uma fôrma de bolo simples com buraco no meio, também vai dar certo! Com esta receita, você irá preparar um manjar tão gostoso quanto bonito!

1. Leve 1 xícara de leite a uma panela.
2. Adicione a casca de limão e os paus de canela.
3. Aumente o fogo até a temperatura média e deixe o leite começar a ferver.
4. Enquanto isso, em uma tigela pequena, misture o amido de milho e o açúcar.
5. Acrescente o restante do leite na mistura de amido de milho e açúcar e bata vigorosamente.
6. Quando o leite na panela começar a ferver, despeje a mistura de amido de milho no leite quente em um fluxo lento e constante.
7. Aumente um pouco o fogo. Continue mexendo vigorosamente até o líquido começar a ferver.
8. Deixe ferver por 20 segundos, mexendo sempre.
9. Retire a panela do fogo.
10. Retire a casca de limão e os paus de canela com uma escumadeira.
11. Despeje o creme em uma fôrma e polvilhe com canela em pó.
12. Leve à geladeira por 6 horas para firmar bem antes de servir.
13. Sirva com a geleia de limão ou laranja por cima.

Rendimento	Tempo de preparo	Tempo de cozimento	Tempo de descanso
6 porções	5 minutos	15 minutos	6 horas

3 xícaras de leite
Cascas de 1 limão, cortadas em tiras
2 paus de canela
¼ de xícara de amido de milho
½ xícara de açúcar
Canela em pó
Geleia de limão ou laranja para servir

Ano-Novo

O Ano-Novo costuma se misturar com as celebrações natalinas no castelo, mas o mundo mágico não deixa de organizar uma festa mágica para a ocasião. Basta lembrar dos fogos de artifício encantados que os gêmeos lançaram durante o quinto ano – e olha que nem foi durante uma comemoração de Ano-Novo! As receitas desta seção são inspiradas na mãe dos gêmeos, que sempre manda uma caixinha cheia de guloseimas durante as férias de inverno.

Crocante de doce de leite

Esses deliciosos docinhos caseiros vieram no pacote de Natal no primeiro ano letivo do nosso protagonista favorito. A guloseima é perfeita para celebrar o Natal e o Ano-Novo. A receita leva nozes, mas você pode exclui-las se preferir.

1. Unte uma assadeira de vidro quadrada de 20 cm com o óleo de coco em spray.
2. Leve uma panela média ao fogo baixo e misture as gotas de chocolate, o leite condensado e o sal. Mexa sem parar para não deixar o chocolate queimar.
3. Quando o chocolate estiver totalmente derretido, em cerca de 3 a 4 minutos, e os ingredientes estiverem bem misturados, retire a panela do fogo.
4. Adicione a baunilha e as nozes e mexa por 3 minutos.
5. Despeje o chocolate na assadeira e espalhe uniformemente.
6. Deixe esfriar por 2 horas.
7. Corte em 30 quadradinhos e sirva.

OBSERVAÇÃO
Se o doce parecer muito duro na panela, adicione 1 colher (chá) de leite e mexa bem.

Rendimento	Tempo de preparo	Tempo de cozimento	Tempo de resfriamento
30 unidades	10 minutos	5 minutos	2 horas

Óleo de coco em spray
3 xícaras de gotas de chocolate meio amargo
1 lata de leite condensado
1 pitada de sal
1½ colher (chá) de extrato de baunilha
1 xícara de nozes-pecãs picadas ou outra castanha de sua preferência (opcional)

RECEITAS DE INVERNO

Torta de frutas secas e nozes

No terceiro ano do trio, o correio-coruja trouxe essas tortinhas durante as férias de inverno. Este prato natalino, denso e quebradiço, é muito fácil de ser transportado por corujas.

1. Misture todos os ingredientes do recheio e deixe cozinhar na panela elétrica, na função de cozimento lento, por 8 horas.
2. Retire o recheio da panela após o tempo de cozimento e passe os ingredientes por uma peneira, para descartar o líquido. Reserve.
3. Algumas horas antes de montar a torta, prepare a massa.
4. Quando o recheio estiver pronto e a massa da torta tiver descansado, preaqueça o forno a 190°C.
5. Retire a massa da geladeira e aperte para que ela amoleça e fique com uma textura que você consiga moldar. Se a massa estiver seca, adicione uma colher (sopa) de água gelada e trabalhe na massa até ela ficar firme e macia.
6. Coloque a massa em uma superfície enfarinhada e abra até ficar com uma espessura de 5 mm a 1 cm.
7. Use um copo com uma boca larga ou um cortador de biscoito para cortar a massa em círculos.
8. Espalhe os discos de massa nas cavidades de uma fôrma de muffin.
9. Preencha metade da cavidade da torta com o recheio.
10. Corte o restante da massa em tiras ou formas decorativas.
11. Disponha as tiras ou formas decorativas sobre as tortinhas, formando um padrão cruzado ou listrado.
12. Leve a fôrma de muffin ao forno e asse por 30 a 40 minutos, até que a massa esteja levemente dourada.
13. Retire do forno e deixe esfriar por 5 minutos antes de servir.

Rendimento	Tempo de preparo	Tempo de cozimento
12 a 14 tortinhas	1 hora, mais 1 hora de descanso	8 horas, mais 30 a 40 minutos

Recheio

2 xícaras de uvas-passas
2 xícaras de damascos secos bem picados
2 maçãs ácidas bem picadas
1 xícara de gordura vegetal
2 xícaras de açúcar mascavo
Raspas das cascas de 2 limões
Raspas das cascas de 2 limões sicilianos
Suco de 2 limões
Suco de 2 limões sicilianos
2 colheres (sopa) de vinagre de maçã

2 colheres (sopa) de amêndoas bem picadas
350 ml de suco de pêssego
1½ colher (chá) de canela em pó
½ colher (chá) de noz-moscada ralada
¼ de colher (chá) de cravo em pó
¼ de colher (chá) de pimenta-da-jamaica moída
¼ de colher (chá) de gengibre em pó
¼ de colher (chá) de coentro em pó
¼ colher (chá) de macis moído (opcional)
2 colheres (sopa) de conhaque ou rum escuro (opcional)
Massa da torta (página 109)

Massa da torta

1. Coloque a farinha, o açúcar e o sal no processador de alimentos e pulse algumas vezes para misturar os ingredientes secos.
2. Em seguida, adicione os pedaços de manteiga e gordura vegetal por cima da farinha e pulse várias vezes até obter uma mistura homogênea, com a aparência de uma farofa grossa e úmida. Não pode sobrar nenhum resquício de pó seco na mistura.
3. Transfira para uma tigela grande.
4. Despeje 8 colheres (sopa) de água fria sobre a farofa.
5. Com uma espátula, vá misturando a água até que a massa comece a se juntar.
6. Se a massa estiver muito seca, adicione mais água, uma colher (sopa) de cada vez. É melhor que fique um pouco úmida do que muito seca.
7. Forme 2 bolas de tamanhos iguais com a massa e achate-as para dar a forma de um disco.
8. Embrulhe os discos em plástico-filme e leve à geladeira por 1 hora para descansar.

2 ½ xícaras de farinha de trigo
2 colheres (sopa) de açúcar
½ colher (chá) de sal
10 colheres (sopa) de manteiga gelada, cortada em pedaços
6 colheres (sopa) de gordura vegetal, gelada e cortada em pedaços
8 a 12 colheres (sopa) de água gelada

Receitas de primavera

Depois que a neve do inverno derrete, vem a chuva de primavera, trazendo folhas novas e uma brisa fresca. Embora tenha gente que ainda lamente o fim das férias de inverno e morra de medo do período de provas que se aproxima, ainda há muito o que comemorar durante a primavera. No hemisfério norte, o dia de São Valentim é o Dia dos Namorados, e prenuncia a chegada da primavera, trazendo a Páscoa, o sol e o calor. E, o mais importante: comidas comemorativas deliciosas!

Chá de Dia dos Namorados

Um belo Dia dos Namorados é você quem faz. Para uma professora aparentemente bobinha de Defesa Contra as Artes das Trevas, o Dia dos Namorados pode significar confetes em forma de coração, buquês de flores rosas desabrochando e anões vestidos de Cupido. Para outras pessoas, pode significar um primeiro encontro em uma casa de chá do vilarejo, decorada com enfeites cor-de-rosa e querubins. Ou, quem sabe, você pode até receber um bilhete de um admirador, dizendo que os seus olhos têm a cor de pele de sapo. Que romântico!

Bolos apaixonados

Esses bolinhos são uma opção adorável e deliciosa para um chá temático de Dia dos Namorados. Caso você tenha um cortador de biscoitos em formato de coração, pode usar para moldar os seus bolinhos. Quanto à decoração, a escolha fica por sua conta: você pode optar por decorar com flores ou glacê rosa!

1. Corte o bolo em seis retângulos iguais.
2. Corte cada fatia ao meio e remova a parte de cima da primeira fatia.
3. Espalhe o glacê (ver passo 8), a geleia ou outro recheio de sua escolha na metade inferior da fatia, criando uma camada de espessura média.
4. Coloque a metade superior novamente sobre o bolo, por cima do recheio.
5. Repita o processo com as outras fatias do bolo.
6. Em seguida, corte cada fatia retangular em quatro partes iguais, deixando-as do tamanho adequado para os bolinhos.
7. Forre as assadeiras com papel-manteiga e disponha os bolinhos, deixando um espaço de 2 a 4 cm entre cada um.
8. Se estiver usando gotas de chocolate, coloque-as em um recipiente próprio para micro-ondas e aqueça, mexendo a cada 30 segundos. Quando o chocolate estiver bem derretido e liso, você pode utilizá-lo para cobrir os bolinhos. Se estiver usando glacê, misture os ingredientes em uma tigela e bata à mão até obter uma consistência lisa e líquida.
9. Regue os bolinhos com o chocolate derretido ou o glacê.
10. Decore os bolinhos com o auxílio de bicos de confeitar, confeitos, doces ou outro enfeite de sua preferência.
11. Leve os bolinhos à geladeira por 2 horas para permitir que o glacê ou o chocolate firmem.
12. Caso haja um excesso de chocolate ou glacê, utilize uma faca de manteiga para remover o excesso depois de esfriar.

Rendimento	Tempo de preparo	Tempo de resfriamento
30 a 36 bolinhos	30 a 35 minutos	2 horas

Bolo de sua preferência, de 20x30 cm, gelado e com a parte de baixo bem firme
Recheio de sua preferência
350 g de gotas de chocolate

Glacê
5 xícaras de açúcar de confeiteiro
4 colheres (sopa) de leite
1 colher (sopa) de xarope (amêndoas, limão, laranja ou menta) ou suco de frutas de sua preferência

Decorações
Glacê, confeitos, doces ou outras guarnições

Sugestões de recheio
Geleias ou frutas em calda que combinem com o sabor do bolo
Calda de caramelo
Cobertura de buttercream
Calda de chocolate
Chantilly
Creme de confeiteiro ou pudim de caixinha pronto

Biscoitos em formato de coração

Esta receita clássica de biscoito é perfeita para ser saboreada com uma xícara de chá ou café. Mesmo em um primeiro encontro constrangedor, é possível se deliciar com alguns desses biscoitos, ainda que você precise tirar uns confetes cor-de-rosa de sua xícara de chá.

1. Em uma tigela média, peneire farinha, fermento e sal e reserve.
2. Em seguida, coloque a manteiga e o açúcar na tigela da batedeira. Bata em velocidade média até virar um creme claro.
3. Adicione o ovo e o leite à manteiga e bata bem.
4. Com a batedeira em velocidade baixa, adicione gradualmente os ingredientes secos e bata até que a massa se desprenda das laterais da tigela.
5. Divida a massa ao meio, embrulhe em papel-manteiga e leve à geladeira por 2 horas.
6. Quando a massa estiver fria, preaqueça o forno a 190°C.
7. Polvilhe a superfície na qual você vai abrir a massa com açúcar de confeiteiro. Polvilhe também o rolo de abrir.
8. Retire um dos pacotes de massa da geladeira.
9. Estique a massa, deixando com 5 mm de espessura. Verifique se a massa não está grudando.
10. Se a massa ficar quente enquanto você abre, coloque uma assadeira gelada por cima da massa aberta por 10 minutos para ela esfriar.
11. Use cortadores em forma de coração para cortar os biscoitos. Coloque os biscoitos em uma assadeira, deixando um espaço de 2,5 cm de distância entre eles.
12. Leve a assadeira ao forno e asse os biscoitos por 7 a 9 minutos ou até que comecem a dourar nas bordas.
13. Retire do forno e deixe descansar nas assadeiras por 2 minutos antes de transferi-los para uma grade ou pano de prato.
14. Prepare o glacê. Em uma tigela pequena, misture o açúcar de confeiteiro e o leite até ficar homogêneo. Acrescente a glucose de milho e o extrato e bata até que o glacê fique liso e brilhante. Se o glacê estiver muito grosso, adicione um pouco mais de glucose de milho. Divida o glacê em várias tigelas, uma para cada cor de cobertura que você quer criar. Adicione 1 a 2 gotas de corante em cada tigela e mexa até atingir a cor desejada.
15. Quando os biscoitos estiverem completamente frios, use um pincel para passar o glacê por cima dos biscoitos.

RECEITAS DE PRIMAVERA

Rendimento	Tempo de preparo	Tempo de cozimento	Tempo de resfriamento
3 dúzias de biscoitos	20 minutos	7 a 9 minutos	2 horas

3 xícaras de farinha de trigo
¾ de colher (chá) de fermento em pó
¼ de colher (chá) de sal
1 xícara de manteiga sem sal amolecida
1 xícara de açúcar
1 ovo batido
1 colher (sopa) de leite
Açúcar de confeiteiro, para abrir a massa

Glacê
1 xícara de açúcar de confeiteiro
2 colheres (chá) de leite
2 colheres (chá) de glucose de milho
¼ de colher (chá) de extrato de baunilha ou amêndoas
Corante alimentício

Sanduíches para acompanhar o chá

Você vai encontrar aqui cinco sanduíches perfeitos para o chá que agradam a quase todos os paladares: seu amigo vegetariano, aquele amigo que é meio chato para comer e até aquele que só quer saber de comer carne. Sinta-se livre para adaptar os ingredientes conforme a sua preferência.

1. Para cada sanduíche, espalhe uma camada fina de cream cheese ou manteiga em um lado das duas fatias de pão. Para o sanduíche de presunto e queijo brie, espalhe o queijo no pão.
2. Faça uma camada grossa com os legumes ou frios, principalmente no caso do sanduíche de pepperoni ou salmão.
3. Faça uma camada com uma única fatia de queijo.
4. Adicione os outros ingredientes, fazendo uma camada fina por cima dos ingredientes já dispostos, ou polvilhe o tempero suavemente por cima do recheio dos sanduíches.
5. Cubra com a fatia de pão para fechar o sanduíche.
6. Tire as cascas dos pães e corte cada sanduíche em três partes iguais.
7. Sirva imediatamente para saborear um sanduíche fresquinho.

Rendimento
3 sanduíches para cada 2 fatias de pão

Tempo de preparo
2 a 3 minutos por sanduíche

Queijo e presunto

Pão de leite, pão caseiro ou outro pão suave
Presunto fatiado
Queijo fatiado ou
1 cunha grande de queijo brie
Manteiga (desnecessária se preferir usar o queijo brie)

Cream cheese e pepino

Pão de leite, pão caseiro ou outro pão suave
1 pepino médio
Cream cheese amolecido
1 punhado de folhas de coentro frescas
Orégano seco

Salmão defumado e cream cheese

Pão de leite, pão caseiro ou outro pão suave
Salmão fumado
Cream cheese amolecido

Pepperoni e cream cheese

Pão de leite, pão caseiro ou outro pão suave
Fatias de pepperoni
Cream cheese amolecido
Um toque de tomilho, alecrim e/ou pimenta-do-reino moída

A coruja traz delícias

Quando seu padrinho está foragido, é importante que ele se alimente bem para manter as forças. As receitas a seguir foram inspiradas no pacote enviado por correio-coruja pelo trio de amigos para ajudar um certo "maroto" a se manter bem alimentado enquanto se escondia no vilarejo vizinho a Hogwarts. No pacote, havia presunto, um monte de pãezinhos e muitas frutas, suficiente para vários dias. Com tantas delícias, várias corujas tiveram que se revezar para carregar toda aquela fartura.

Presunto glaceado

Esta receita usa um tender pré-cozido para tornar a nossa vida trouxa um pouco mais fácil. O que realmente faz a diferença nesta receita é o glaceado adocicado e delicioso, que mantém o presunto macio e saboroso enquanto assa no forno. O caldo que fica na assadeira após o cozimento é muito saboroso e deve ser guardado até o presunto acabar. Você pode reaquecer as sobras de presunto com esse molho por cima para manter a carne bem molhadinha.

1. Preaqueça o forno a 180°C.
2. Para fazer o glaceado, misture o suco de laranja, o suco de abacaxi e o açúcar mascavo em uma panela média e leve ao fogo médio. Mexa até o açúcar dissolver.
3. Quando o líquido começar a ferver, retire do fogo e reserve.
4. Disponha o tender em uma assadeira grande.
5. Disponha as rodelas de laranja e limão em volta do presunto, passando as fatias por cima da peça e espremendo um pouco do suco por cima da carne.
6. Delicadamente, despeje todo o glacê por cima do presunto, cobrindo-o completamente.
7. Cubra a travessa com papel-alumínio e leve ao forno.
8. Asse por 1 hora e 30 minutos.
9. Com o presunto ainda no forno, remova o papel-alumínio e regue-o com o líquido da assadeira e com o suco várias vezes para manter a carne úmida.
10. Cubra novamente e asse por mais 1 hora e 30 minutos.
11. Retire do forno e retire o papel-alumínio. Deixe esfriar por 5 minutos antes de fatiar.

Rendimento	Tempo de preparo	Tempo de cozimento
1 porção a cada 350 g de presunto (presunto tender com osso)	15 minutos	3 horas

Glaceado
½ xícara de suco de laranja
½ xícara de suco de abacaxi
1½ xícara de açúcar mascavo

Presunto
1 presunto tender pré-cozido com osso
2 laranjas fatiadas
2 limões fatiados

RECEITAS DE PRIMAVERA

Uma dúzia de bolos (pãezinhos doces)

Inspirados nos pães doces russos chamados vatrushka, estes aqui são um pouco mais substanciais do que outros pães doces, por causa do recheio cremoso. Para um fugitivo das autoridades mágicas, certamente seria muito bom ter alguns desses pãezinhos à mão.

1. Em uma tigela média, misture a farinha, o fermento biológico, o açúcar e o sal até ficar bem homogêneo.
2. Adicione a água e metade dos ovos batidos aos ingredientes secos, incorporando bem.
3. Adicione a manteiga e bata até incorporar.
4. Retire a massa da tigela e coloque em uma superfície bem enfarinhada. Sove até a massa ficar lisa e elástica.
5. Retorne a massa à tigela e cubra. Deixe-a descansar em um local aquecido por 1 hora para que a massa cresça.
6. Preaqueça o forno a 200°C.
7. Descubra a tigela. Depois que a massa tiver crescido, dê leves socos para liberar todo o ar que se formou na fermentação.
8. Divida a massa em doze partes iguais e forme bolinhas.
9. Polvilhe uma superfície com farinha e abra cada bolinha individualmente, formando discos com cerca de 1 a 2 cm de espessura.
10. Para preparar o recheio, espalhe aproximadamente 1 colher (chá) de cream cheese aquecido no centro da massa.
11. Adicione cerca de 1 colher (chá) da geleia de sua preferência sobre o cream cheese.
12. Puxe as bordas da massa para cima, deixando o recheio no centro, e una as pontas para formar uma trouxinha.
13. Repita com todas as 12 bolinhas de massa, colocando os pãezinhos prontos em uma assadeira bem untada.
14. Pincele o restante do ovo batido sobre cada pão. Se desejar, polvilhe as sementes de gergelim.
15. Asse por 20 minutos ou até dourar.
16. Deixe esfriar por 10 minutos e sirva.

Rendimento	Tempo de preparo	Tempo de espera	Tempo de cozimento
12 porções	40 minutos	1 horas	20 minutos

4½ xícaras de farinha de trigo, e mais um pouco para sovar e abrir a massa

1 colher (sopa) de fermento biológico instantâneo

1 xícara de açúcar

1 colher (chá) de sal

1 xícara de água quente

2 ovos batidos, separados em duas partes iguais

4 colheres (sopa) de manteiga amolecida

Sementes de gergelim, para finalizar (opcional)

Recheio

12 colheres (chá) de cream cheese amolecido

12 colheres (chá) de geleia ou frutas em conserva

Salada de frutas frescas

Com esta receita, você fará uma deliciosa salada de frutas, inspirada nas frutas que devem ter sido enviadas no pacote. Um acompanhamento perfeito e refrescante para qualquer refeição, que pode ser personalizado e incluir as suas frutas favoritas.

1. Pique todas as frutas, com exceção dos mirtilos e das uvas, em pedaços pequenos.
2. Misture as frutas em uma tigela grande e leve à geladeira por 2 horas.
3. Sirva com uma porção generosa de chantilly, se desejar.

Rendimento	Tempo de preparo
10 porções	30 minutos

½ melancia

2 maçãs

2 bananas

1 melão

500 g de morangos

500 g de mirtilos

1 abacaxi

500 g de uvas vermelhas ou verdes

Chantilly (opcional)

Páscoa

Em Hogwarts, celebra-se a Páscoa com duas semanas de férias. Muitos alunos voltam para casa, enquanto outros preferem ficar no castelo. O único problema das férias de Páscoa é a quantidade de trabalhos escolares que os professores costumam mandar para casa. Ficar na biblioteca com os amigos fazendo pilhas e mais pilhas de trabalhos escolares não é exatamente o melhor programa para as férias! Felizmente, uma cesta cheia de guloseimas pode ajudar a deixar esses dias mais agradáveis.

Ovos de Páscoa recheados de caramelo

Ovo de Páscoa? Com recheio de caramelo? Que surpresa agradável de receber pelo correio! Bom, pelo menos até você perceber que seus ovos são do tamanho de ovos de galinha, enquanto seus dois melhores amigos ganharam ovos do tamanho de ovos de dragão. Mas não fique chateado. Você pode ter sido vítima de mentiras publicadas por revistas de fofocas. Você pode fazer esta receita em casa. (E se quiser fazer ovos de tamanhos diferentes e dar o menor para um amigo vacilão, a decisão é sua!)

1. Derreta o chocolate no micro-ondas, parando para mexer a cada 30 segundos.
2. Quando o chocolate estiver totalmente derretido, retire do micro-ondas e prepare as fôrmas de ovo.
3. Faça uma camada fina de chocolate em duas fôrmas de ovo de mesmo tamanho.
4. Espalhe com cuidado o chocolate pelas fôrmas para garantir que todo o interior esteja revestido de chocolate.
5. Deixe o chocolate esfriar por 1 hora.
6. Recheie as cascas dos ovos com o creme de caramelo.
7. Coloque a segunda metade da fôrma sobre a metade recheada com caramelo. Deixe firmar e remova a fôrma de cima com cuidado.
8. Derreta novamente o chocolate restante.
9. Deixe o chocolate esfriar um pouco para ficar menos líquido.
10. Espalhe um pouco do chocolate amolecido em volta das bordas dos ovos para selar o recheio de caramelo.
11. Leve os ovos de volta à geladeira e deixe esfriar por mais 1 a 2 horas, até ficar bem firme.
12. Retire os ovos com cuidado das fôrmas e coloque-os em uma assadeira forrada ou travessa para servir.

Rendimento	Tempo de preparo	Tempo de cozimento	Tempo de resfriamento
12 a 16 ovos, dependendo do tamanho da fôrma	25 minutos	12 a 15 minutos	1 a 2 horas

Chocolate de boa qualidade
Recheio de caramelo (página 129)
Fôrmas de ovo

RECEITAS DE PRIMAVERA

Recheio de caramelo

1. Coloque o açúcar em uma panela, chacoalhando até o açúcar cobrir uniformemente o fundo da panela.
2. Umedeça todo o açúcar adicionando a água.
3. Leve a panela ao fogo médio e deixe cozinhar até que o açúcar dissolva e se transforme em uma calda clara.
4. Aumente o fogo para médio alto e deixe cozinhar até que o caramelo adquira uma cor âmbar.
5. Desligue o fogo e adicione o creme de leite à panela. O caramelo pode endurecer rapidamente, ficando difícil para mexer.
6. Adicione a manteiga e mexa até homogeneizar. Se ainda houver algum grumo, leve de volta ao fogo médio e mexa delicadamente até ficar homogêneo.
7. Assim que ficar homogêneo, adicione o extrato de baunilha.
8. Deixe o caramelo esfriar em temperatura ambiente e, em seguida, transfira para um pote com tampa.
9. Antes de rechear os ovos, leve o caramelo à geladeira e deixe resfriar até ficar gelado ao toque.

1 xícara de açúcar
⅓ de xícara de água
¾ de xícara de creme de leite fresco
2 colheres (sopa) de manteiga sem sal
1 colher (chá) de extrato de baunilha

O clássico café da manhã do castelo

É importante que a primeira refeição do dia de bruxas e bruxos em fase de crescimento seja saudável. Com dias cheios de aulas difíceis, começar a manhã bem os deixará preparados para o sucesso.

RECEITAS DE PRIMAVERA

Arenque defumado

Na Inglaterra, costuma-se comer esse prato à base de peixe defumado no café da manhã. Aqui, você aprenderá a fazer um sanduíche, deixando o peixe defumado um pouco mais apetitoso para quem não está acostumado com cheiro de mar logo no início do dia!

1. Coloque água em uma panela até atingir a altura de 5 cm.
2. Adicione o sal e o vinagre à panela e leve para ferver em fogo médio.
3. Separadamente, quebre 2 ovos gelados em 2 ramequins ou tigelas de sobremesa.
4. Use o cabo de uma espátula ou colher para fazer movimentos circulares na água, em uma única direção, criando um redemoinho.
5. Despeje os 2 ovos no centro do redemoinho. O redemoinho segura os ovos e evita que eles se espalhem pela água.
6. Desligue o fogo, tampe a panela e marque 5 minutos no timer. Deixe os ovos descansarem durante este tempo.
7. Use uma escumadeira para retirar os ovos da água e coloque-os em um prato.
8. Repita com a segunda parte dos ovos.
9. Enquanto os ovos estão cozinhando, leve o arenque a uma frigideira de ferro fundido pré-aquecida e frite até que ambos os lados do peixe estejam dourados. Espalhe um pouco de azeite por toda a frigideira, se necessário, para evitar que o peixe grude.
10. Retire os peixes da frigideira e sirva com os pães torrados com cream cheese e os ovos pochê.
11. Finalize temperando os ovos com alho em pó, alecrim e pimenta-do-reino.

OBSERVAÇÃO

Se você não gosta de ovos pochê, pode preparar ovos mexidos com pedaços de arenque, para servir em um prato, ou dentro de um pão para fazer um sanduíche com todos os ingredientes, inclusive o cream cheese. Molhar o sanduíche em um pouco de ketchup também fica ótimo!

Rendimento	Tempo de preparo	Tempo de cozimento
2 porções	5 minutos	20 a 25 minutos

1 colher (chá) de sal
2 colheres (chá) de vinagre de vinho branco
4 ovos gelados
2 filés de arenque ou 1 xícara de arenque marinado em molho de vinho

Cream cheese
4 fatias de pão torrado
Alho em pó, para servir
Alecrim, para servir
Pimenta-do-reino, para servir

Ovos e bacon

Se você não é exatamente fã de peixe defumado, aqui está uma receita tradicional americana de ovos com bacon. Você pode assar o bacon no forno ou fritar em uma frigideira. De qualquer modo, use a gordura saborosa do bacon para fritar os seus ovos. Este é o segredo!

Para assar o bacon no forno

1. Preaqueça o forno a 190°C.
2. Forre uma assadeira com papel-alumínio e disponha as fatias de bacon lado a lado. Asse o bacon por 15 a 20 minutos e depois vire.
3. Asse o bacon do outro lado por mais 8 a 10 minutos ou até ficar bem crocante.
4. Separe a gordura do bacon para fritar os ovos.

Para fritar o bacon na frigideira

1. Preaqueça uma frigideira de ferro fundido ou inox por 2 a 3 minutos em fogo médio-baixo.
2. Coloque as fatias de bacon lado a lado na frigideira.
3. Quando o bacon começar a ficar crocante, em cerca de 3 minutos, vire do outro lado usando uma pinça.
4. Frite do outro lado até o bacon ficar crocante, por cerca de 3 minutos.
5. Deixe a gordura do bacon na frigideira para fritar os ovos.

Para fritar os ovos

1. Quando a gordura do bacon estiver quente, quebre os ovos na frigideira.
2. Polvilhe todos os temperos por cima dos ovos.
3. Para deixar os ovos com a gema bem mole, frite de um lado só até ficarem firmes e com as bordas crocantes, por cerca de 5 minutos.
4. Se você prefere a gema mais dura, use uma espátula para virar os ovos e termine de fritar até o ovo ficar levemente dourado dos dois lados, por cerca de 5 minutos de cada lado.

Rendimento	Tempo de cozimento
2 porções	20 a 40 minutos

8 fatias de bacon
4 a 6 ovos
Semente de aipo
Pimenta-do-reino moída

Sal
Alho em pó
Cebola em pó

RECEITAS DE PRIMAVERA

Mingau

Nada é mais quentinho e aconchegante do que comer uma tigela de mingau pela manhã. É um prato clássico de café da manhã em todo o mundo! Se você precisa preparar uma poção difícil, realizar um feitiço de transfiguração ou treinar voo em cabo de vassoura, este mingau vai recarregar as suas energias para você encarar o dia!

1. Leve a aveia e o leite a uma panela média. Misture bem até o leite cobrir toda a aveia.
2. Leve a mistura de leite e aveia ao fogo médio, mexendo sempre.
3. Assim que começar a engrossar, abaixe o fogo para não deixar queimar.
4. Deixe o mingau ferver por 5 a 7 minutos em fogo baixo, mexendo sem parar.
5. Retire o mingau do fogo e deixe descansar por 1 minuto.
6. Distribua o mingau em tigelinhas de servir e misture a cobertura da sua preferência.

Rendimento
4 porções

Tempo total
10 a 12 minutos

2 xícaras de aveia em flocos
2 xícaras de leite integral
1 a 2 colheres (sopa) da cobertura da sua preferência

Coberturas sugeridas

1 colher (sopa) de xarope de bordo
1 colher (sopa) de açúcar mascavo
1 colher (sopa) de geleia
¾ de colher (sopa) de mel
Um punhado de nozes ou amêndoas
Um punhado de frutas secas
Fatias de banana

Receitas de verão

Para o nosso bruxo que derrota as artes das trevas, o verão não é exatamente uma estação feliz. É quando ele tem que se despedir dos amigos e voltar para a casa dos seus parentes horríveis. Mas para quem tem boas lembranças da estação mais quente do ano, o verão é a época de aproveitar o calor, o sol e passear com os amigos. Nesta seção, você encontrará algumas receitas clássicas como hambúrgueres e bolos, além de receitas mais sofisticadas para ocasiões especiais.

Aniversário do primo

As receitas a seguir certamente agradarão até o seu primo mais guloso. O que poderia ser melhor do que comer um hambúrguer acompanhado de um sorvetão gigante?

Hambúrguer

Hambúrgueres com certeza são uma das melhores opções para servir em uma festa de aniversário no verão. Existe coisa melhor do que fazer um churrasco no quintal com os amigos e a família? Esta versão mais saudável é sucesso garantido, mesmo se o aniversariante só tiver ganhado 36 presentes (sendo que, no ano passado, ele tinha ganhado 37).

1. Preaqueça uma grelha ou frigideira de ferro em fogo médio.
2. Em uma tigela média, misture a carne moída e todos os temperos. Use um garfo para incorporar bem os temperos na carne.
3. Depois que os temperos estiverem bem incorporados, modele quatro hambúrgueres com as mãos.
4. Leve os hambúrgueres à frigideira ou grelha e deixe grelhar por 5 a 10 minutos.
5. Vire o hambúrguer e deixe por 5 a 10 minutos, ou até chegar ao ponto desejado.
6. Enquanto grelha os hambúrgueres, passe o molho de sua preferência nos pães.
7. Retire os hambúrgueres da grelha, coloque um hambúrguer na parte de baixo do pão, adicione os complementos que desejar e feche com a segunda metade do pão.
8. Sirva imediatamente.

Rendimento	Tempo de preparo	Tempo de cozimento
4 hambúrgueres	10 a 15 minutos	10 a 20 minutos

500 g de carne de frango moída
½ colher (chá) de pimenta-do-reino moída
1 colher (chá) de alho em pó
1 colher (sopa) de orégano
½ colher (sopa) de cebola em flocos
½ colher (chá) de alecrim desidratado
4 pãezinhos
Condimentos de sua preferência, como ketchup, mostarda ou maionese
Complementos de sua preferência, como alface, tomate, cebola e queijo

Sorvetão gigante

Esse sorvetão gigante é a ostentação em forma de sorvete. Camadas de sorvete, frutas, nozes, caldas e o que mais você quiser: esta sobremesa é perfeita para qualquer aniversário ou ocasião especial. Você pode montar um bufê de coberturas para que todos os seus convidados possam inventar suas próprias versões!

1. Para preparar a calda de framboesa, misture o açúcar e a água em uma panela média e leve ao fogo médio, mexendo até o açúcar dissolver.
2. Adicione as framboesas em porções pequenas. Espere cada porção amolecer um pouco antes de adicionar a próxima.
3. Deixe a calda ferver em fogo baixo, mexendo sem parar. Retire do fogo e deixe esfriar por 2 minutos.
4. Se você for servir em potes de vidro, coloque uma colher de metal em cada tigela para dissipar o calor.
5. Adicione 2 colheres (sopa) de calda de framboesa em cada tigela.
6. Adicione 1 bola pequena de sorvete de creme em cada tigela.
7. Adicione 1 colher grande de chantilly em cada tigela.
8. Adicione um punhado de frutas congeladas em cada tigela.
9. Repita as camadas com a calda, o sorvete, o chantilly e as frutas vermelhas, até encher as tigelas.
10. Cubra com a calda de framboesa restante.
11. Decore com amendoim triturado, se desejar.

Rendimento	Tempo de preparo	Tempo de cozimento
6 porções	5 a 10 minutos	10 minutos

1,5 litro de sorvete de creme
200 g de chantilly
100 a 200 g de frutas vermelhas congeladas
3 colheres (sopa) de amendoim picado (opcional) para decorar

Calda de framboesa

½ xícara de açúcar
3 colheres (sopa) de água
350 g de framboesas congeladas

Jantar importante do tio

Um jantar importante com o chefe do seu tio não é o melhor momento para um elfo doméstico aparecer na sua casa. Mas quando você é o protagonista da história, essas coisas podem acontecer. E, poxa, mesmo que a sobremesa vá parar na cabeça de alguém, a criatura mágica tinha as melhores intenções!

Lombo de porco assado

Ao tentar impressionar um chefe, seja o seu ou de outra pessoa, é melhor não arriscar e preparar um clássico à prova de erros. Esta receita de lombo de porco assado certamente vai encantar até mesmo o mais excêntrico dos patrões, por causa do seu tempero saboroso e de um belo glaceado.

1. Faça o tempero combinando todas as especiarias em uma tigela. Reserve.
2. Prepare o glaceado misturando todos os ingredientes, exceto o molho de cranberry, em uma tigela. Reserve o glaceado e deixe o molho de cranberry para acrescentar nos últimos 30 minutos de tempo de forno.
3. Preaqueça o forno a 190°C.
4. Forre uma assadeira de metal com papel-alumínio ou use uma assadeira de vidro sem untar. Reserve.
5. Borrife o lombo de porco levemente com um pulverizador de óleo.
6. Passe o mix de especiarias em toda a carne, por todos os lados, exceto no lado da gordura.
7. Coloque o óleo em uma frigideira e leve ao fogo médio.
8. Quando o óleo aquecer, coloque a carne de porco na frigideira e sele delicadamente de todos os lados.
9. Transfira o lombo de porco para a assadeira forrada, com a gordura voltada para cima.
10. Pincele o glaceado sobre o lombo de porco e deixe o restante na assadeira com a carne, reservando 2 colheres (sopa).
11. Decore a carne com os cravos-da-índia.
12. Asse por 25 minutos.
13. Retire o lombo do forno e regue com o molho que se formou na assadeira.
14. Leve o lombo de volta ao forno e asse por mais 25 minutos.
15. Tire a assadeira do forno mais uma vez e use o molho de cranberry reservado e o glaceado para pincelar por cima da carne novamente.
16. Leve o lombo ao forno e asse por mais 10 a 15 minutos, ou até que a temperatura interna da carne atinja 60° C em um termômetro para carnes.
17. Retire o lombo do forno e deixe descansar por 10 minutos antes de fatiar.
18. Sirva com a guarnição de sua preferência, como fatias de frutas cítricas, salsinha ou batatas.

RECEITAS DE VERÃO

Rendimento	Tempo de preparo	Tempo de cozimento	Tempo de descanso
8 porções	15 minutos	1 hora a 1 hora e meia	10 minutos

1,5 kg de lombo de porco
1 colher (sopa) de azeite de oliva
Cravo em flor (opcional)

Especiarias
1 colher (chá) de páprica
1 colher (chá) de alho em pó
½ colher (chá) de cebola em pó
½ colher (chá) de tomilho desidratado
½ colher (chá) de alecrim desidratado

¼ colher (chá) de sal
½ colher (chá) de pimenta-do-reino moída na hora

Glaceado
4 dentes de alho picados fino
¼ de xícara de mel
1 xícara de purê de maçã
1 colher (sopa) de azeite de oliva
1 lata de molho de cranberry

Bolo violeta açucarado

Existe algo mais complexo do que flores de açúcar? Na verdade, existe, sim, e chama-se *Spanische Windtorte*. É exatamente esse nome esquisito que você leu, e foi essa a sobremesa que uma certa tia nervosa serviu no jantar importante do marido. Essa sobremesa clássica é complicada e difícil de fazer, então decidimos facilitar a vida dos nossos queridos leitores. Usamos a sobremesa complicada apenas como inspiração para preparar um bolo delicioso e fácil de fazer.

A receita abaixo também tem muitas violetas de açúcar e chantilly, então vai causar um grande impacto se for magicamente arremessada na cabeça de alguém!

1. Preaqueça o forno a 190°C.
2. Em uma tigela média, misture o açúcar de confeiteiro e a farinha de trigo. Reserve.
3. Na batedeira, misture as claras, o cremor tártaro, o extrato de baunilha, o extrato de amêndoas e o sal. Bata bem.
4. Com a batedeira em alta velocidade, acrescente o açúcar sem parar de bater, uma colher (sopa) de cada vez. Adicione a colher (sopa) seguinte apenas quando a anterior tiver dissolvido nas claras. Não pare para raspar as laterais da tigela, simplesmente continue batendo.
5. Bata as claras até formar picos firmes. A mistura deve ficar espessa, brilhante e pegajosa.
6. Usando uma espátula de silicone, misture com cuidado os ingredientes secos (açúcar de confeiteiro e farinha) com as claras em neve, meia xícara de cada vez. Não bata demais.
7. Continue misturando os ingredientes secos até incorporá-los completamente às claras em neve.
8. Coloque a massa em uma fôrma redonda de 22 cm de diâmetro, sem untar, ou em uma fôrma com furo no meio de 25 cm de diâmetro.
9. Passe uma faca ou espátula pelo meio da massa para desfazer as bolhas.
10. Asse o bolo por 35 minutos ou até que o bolo volte ao tamanho original ao ser pressionado levemente. As rachaduras na superfície devem estar com um aspecto seco.
11. Retire o bolo do forno e desenforme imediatamente para esfriar.
12. Deixe o bolo esfriar completamente antes de virá-lo para cima.
13. Cubra o bolo com chantilly.
14. Decore com as flores de açúcar e sirva.

RECEITAS DE VERÃO

OBSERVAÇÃO
Você pode comprar as flores de açúcar prontas, se não tiver tempo ou vontade de fazer em casa.

Rendimento	Tempo de preparo	Tempo de cozimento
12 porções	20 minutos	35 minutos

1¼ xícara de açúcar de confeiteiro
¾ de xícara mais 2 colheres (sopa) de farinha de trigo
1½ xícara de clara de ovo em temperatura ambiente (aproximadamente 11 a 12 claras de ovo)
1½ colher (chá) de cremor tártaro
1½ colher (chá) de extrato de baunilha

¼ de colher (chá) de extrato de amêndoas (opcional)
¼ de colher (chá) de sal
1 xícara de açúcar
200 g de chantilly
Flores de açúcar

Um aniversário em 31 de julho

Julho é o mês em que comemoramos o aniversário de nosso simpático personagem de óculos. Desde os tempos em que ele vivia no armário debaixo da escada até (alerta de spoiler!) ele se casar e ter filhos, temos tantas boas lembranças com esse menino incrível, e é por isso que temos que comemorar o seu aniversário com um doce delicioso. Em homenagem ao esporte favorito do aniversariante, esta é uma receita divertida de bolo dourado no palito.

RECEITAS DE VERÃO

Bolo dourado no palito

Esta receita de bolo no palito tem um sabor mais marcante do que um bolo de baunilha normal, pois leva suco e raspas de limão. O sabor potente e cítrico é inspirado na leveza da bola dourada encantada, mas sinta-se à vontade para ajustar as quantidades ao seu paladar!

Para o bolo

1. Preaqueça o forno a 180°C.
2. Unte o fundo e as laterais de uma fôrma de bolo de 22 x 30 cm com spray culinário.
3. Misture a farinha, o bicarbonato de sódio, o fermento em pó e o sal em uma tigela média. Reserve.
4. Adicione a manteiga e o açúcar na batedeira e bata em velocidade média até virar um creme leve e fofo.
5. Adicione as claras em neve e o extrato de baunilha e misture bem até incorporar. Raspe as laterais da tigela.
6. Adicione ⅓ dos ingredientes secos ao creme e bata em velocidade média até incorporar totalmente.
7. Em seguida, adicione metade do leite e o suco e as raspas de limão. Bata na batedeira em velocidade média até ficar bem homogêneo.
8. Repita os passos 6 e 7 até que todos os ingredientes tenham sido incorporados.
9. Despeje a massa na fôrma e leve ao forno por 25 a 30 minutos ou até que um palito saia limpo ao ser espetado na massa.
10. Retire o bolo do forno e deixe esfriar por 2 minutos.
11. Retire o bolo da fôrma e coloque em uma grade para esfriar.
12. Deixe esfriar completamente antes de finalizar.

Glacê (pode ser substituído por leite condensado)

¼ de xícara de manteiga sem sal em temperatura ambiente
1½ xícara de açúcar de confeiteiro
1 colher (chá) de suco de limão
2½ colheres (chá) de suco de limão siciliano
2½ colheres (chá) de nata batida

Para o glacê

1. Misture todos os ingredientes, exceto a nata, em uma tigela média e bata até ficar bem homogêneo.
2. Adicione a nata e bata novamente até ficar leve e aerado. Reserve.

Para fazer os bolos no palito

1. Para montar os bolos no palito, esfarele ⅓ do bolo em uma tigela média.
2. Adicione 2 colheres (sopa) de glacê ou leite condensado e misture com as mãos ou com uma batedeira até dar liga.
3. Se a massa estiver um pouco seca, vá adicionando uma colher (sopa) de glacê ou leite condensado de cada vez até você conseguir formar bolinhas firmes com o diâmetro de uma moeda, que desgrude das mãos.
4. Em um recipiente que vá ao micro-ondas, derreta o chocolate branco até ficar líquido e cremoso. Acrescente o corante alimentício amarelo.
5. Forre uma assadeira com papel-manteiga.
6. Mergulhe uma das pontas dos palitos de pirulito no chocolate derretido. Enfie a ponta banhada de chocolate nas bolinhas de bolo.
7. Deixe as bolinhas na geladeira por 30 minutos.
8. Quando as bolinhas estiverem frias, retire-as da geladeira e aqueça novamente o chocolate, se já tiver endurecido.
9. Agora, pegue as bolinhas pelos palitos e mergulhe-as no chocolate.
10. Coloque os bolos no palito em uma assadeira forrada e deixe secar por 1 hora.
11. Depois que a cobertura dos bolos estiver firme, use uma faca para retirar delicadamente o excesso de chocolate.
12. Estique a pasta americana e corte em formato de penas para fazer as asas, deixando uma ponta afiada em uma das extremidades para conseguir inserir nos bolos.
13. Insira 2 penas de pasta americana em lados opostos de cada bolo.
14. Sirva e delicie-se.

Rendimento	Tempo de preparo	Tempo de cozimento	Tempo de resfriamento
24 a 30 bolos no palito	1 hora a 1 hora e meia	25 a 30 minutos	1 hora e meia

Bolo

3 xícaras de farinha de trigo
¼ de colher (chá) de bicarbonato de sódio
2¾ de colher (chá) de fermento em pó
1 colher (chá) de sal
1½ xícara de manteiga sem sal em temperatura ambiente
2 xícaras de açúcar
4 claras de ovo

1½ colher (chá) de extrato de baunilha
1¼ xícara de leite
¼ de xícara de suco de limão
2 colheres (sopa) de raspas de casca de limão
Chocolate branco derretido
Corante alimentício amarelo
Palitos de pirulito ou de bolo no palito
Pasta americana

Um jantar na Copa do Mundo

A Copa do Mundo do esporte favorito do mundo bruxo é realizada a cada quatro anos, sempre em lugares diferentes. Portanto, quando ela chega na Inglaterra, é sempre um grande acontecimento. Durante o quarto ano, o nosso trio favorito se delicia com uma refeição maravilhosa no acampamento dos bruxos durante a Copa do Mundo. Uma torta de frango quentinha acompanhada de uma leve salada fresca e, para finalizar, um sorvete meio doce e meio azedinho de morango é a refeição perfeita para compartilhar antes do maior evento esportivo do mundo mágico.

Torta cremosa de frango e presunto

Com uma varinha mágica, é perfeitamente possível preparar uma torta de frango com molho bechamel em pleno verão, em uma barraca no meio do acampamento de um grande evento esportivo mundial. Infelizmente, para quem não tem varinha, será necessário ter uma cozinha com forno e fogão. Isso não quer dizer que você não possa levar esta torta para um acampamento depois de pronta. Mas lembre-se de que, por conta do molho, ela fica mais gostosa quentinha.

1. Prepare a massa da torta.
2. Preaqueça o forno a 200°C.
3. Em uma panela média, leve a manteiga para derreter em fogo médio.
4. Acrescente a cebolinha e mexa por 2 minutos.
5. Abaixe o fogo e acrescente a farinha. Mexa por 1 a 2 minutos.
6. Adicione o caldo de frango e mexa bem.
7. Adicione o aipo e o alho picados e o coentro e mexa bem.
8. Adicione o presunto e o frango e continue mexendo por 1 a 2 minutos.
9. Adicione o creme de leite aos poucos, mexendo sempre.
10. Por fim, adicione o sal e a pimenta.
11. Retire do fogo e deixe esfriar por 1 a 2 minutos antes de colocar o recheio na massa da torta.
12. Pegue o restante da massa e coloque por cima da torta, apertando as bordas para fechar o recheio e cobrir bem.
13. Faça alguns furos na parte superior da massa para deixar o ar sair durante o cozimento.
14. Pincele a massa com a gema batida.
15. Leve a torta ao forno e asse por 40 a 50 minutos, até a massa ficar levemente dourada.
16. Retire a torta do forno e deixe descansar enquanto você prepara o molho branco.
17. Regue as porções individuais de torta com o molho branco e sirva.

Rendimento	Tempo de preparo	Tempo de cozimento	Tempo de espera
8 porções	40 a 50 minutos	40 a 50 minutos	1 hora

Massa de torta (página 156)
4 colheres (sopa) de manteiga sem sal
4 talos de cebolinhas picados
½ xícara de farinha de trigo
1 xícara de caldo de frango
1 xícara de coentro fresco
2 talos de aipo picados
4 dentes de alho finamente picados

1 xícara de presunto cozido em cubos
1 xícara de frango cozido em cubos
½ xícara de creme de leite fresco
½ colher (chá) de sal
½ colher (chá) de pimenta-do-reino moída
4 gemas para pincelar
Molho branco (página 157)

Massa

1. Coloque a farinha, o açúcar e o sal no processador de alimentos.
2. Pulse os ingredientes secos algumas vezes para misturar.
3. Distribua os pedaços de manteiga e gordura vegetal por cima da farinha e processe várias vezes até obter uma consistência homogênea, parecendo uma farofa grossa e úmida. Não pode restar nenhum resquício de pó seco na mistura.
4. Transfira para uma tigela grande.
5. Espalhe 8 colheres (sopa) de água fria por cima da farofa.
6. Com uma espátula, vá misturando a água até a massa começar a se agregar.
7. Se a massa estiver muito seca, adicione mais água, uma colher (sopa) de cada vez. É melhor que a massa fique um pouco úmida do que seca demais.
8. Forme 2 bolas de tamanhos iguais com a massa e achate-as para dar a forma de um disco.
9. Embrulhe o disco em plástico-filme e leve à geladeira por uma hora.
10. Depois que a massa esfriar, retire da geladeira e dê socos leves para que ela amoleça e você consiga moldar. Se a massa estiver pegajosa, adicione uma colher (sopa) de farinha. Se estiver seca, adicione uma colher (sopa) de água gelada.
11. Coloque um disco de massa sobre uma superfície enfarinhada. Inicie pressionando o centro da massa e abra um disco de tamanho adequado para cobrir o fundo e as laterais da fôrma de torta. Se preferir, você pode dividir a massa em pequenas porções e pressioná-las com as mãos pouco a pouco até cobrir toda a fôrma.
12. Divida a segunda bola em várias bolinhas e abra a massa com um rolo ou amasse com as mãos se preferir que a parte de cima da massa fique mais grossa. Reserve.

Rendimento	Tempo de preparo	Tempo de resfriamento
2 massas de 20 cm de diâmetro	25 a 30 minutos	1 hora

2 ½ xícaras de farinha de trigo
2 colheres (sopa) de açúcar
½ colher (chá) de sal
10 colheres (sopa) de manteiga gelada, cortada em pedaços
6 colheres (sopa) de gordura vegetal gelada, cortada em pedaços
8 a 12 colheres (sopa) de água gelada

Molho branco

1. Em uma panela média, leve a manteiga para derreter em fogo médio.
2. Assim que a manteiga derreter, acrescente a farinha e mexa até formar uma pasta espessa.
3. Continue mexendo até que a pasta fique menos densa e comece a borbulhar. Não deixe dourar.
4. Adicione o leite quente e continue mexendo.
5. Deixe o molho ferver.
6. Adicione sal e pimenta-do-reino a gosto.
7. Adicione o queijo parmesão e mexa até que esteja bem incorporado.
8. Abaixe o fogo e cozinhe por mais 2 a 3 minutos, mexendo sem parar.
9. Retire o molho do fogo e deixe esfriar por 1 a 2 minutos.

Tempo de preparo
2 a 3 minutos

Tempo de cozimento
11 a 13 minutos

2 colheres (sopa) de manteiga
2 colheres (sopa) de farinha de trigo
1¼ xícara de leite quente
Sal
Pimenta-do-reino moída
½ xícara de queijo parmesão

Salada de verão

Esta receita de salada tem o sabor adocicado das frutas frescas do verão, que ficam muito mais saborosas durante os meses mais quentes. Combinando o sabor do molho e a crocância das nozes, essa salada pode se tornar o sucesso da sua festa de verão!

1. Se possível, prepare o molho 1 a 2 horas antes de usar. Coloque todos os ingredientes do molho em um pote com tampa bem vedada. Agite vigorosamente até obter um líquido homogêneo. Refrigere por 1 a 2 horas. Agite bem o molho antes de servir.
2. Misture o espinafre e a rúcula em uma tigela grande.
3. Acrescente os ingredientes restantes, exceto o queijo, e misture bem com as folhas.
4. Acrescente o queijo e regue com o molho de limão. Sirva.

Rendimento	Tempo de preparo	Tempo de refrigeração (molho)
4 a 6 porções	10 a 15 minutos	1 a 2 horas

Molho de limão, mel e coentro

Suco de 4 limões
½ xícara de mel de laranjeira ou silvestre
4 colheres (chá) de azeite de oliva
4 colheres (chá) de vinagre balsâmico
½ xícara de folhas de coentro picadas

Salada

4 xícaras de folhas de espinafre cru
2 xícaras de rúcula
1 xícara de framboesas frescas
1 xícara de mirtilos frescos
1 cebola amarela ou roxa picada
2 xícaras de quinoa (cozida)
½ xícara de amêndoas picadas
¼ de xícara de nozes quebradas
½ xícara de queijo feta ou gorgonzola
Molho de limão, mel e coentro

Sorvete de morango

Não se deixe intimidar pela ideia de preparar sorvete em casa. Esta receita é simples de fazer e, depois que você pegar o jeito, pode testar sabores diferentes nas próximas vezes.

1. Antes de começar, coloque uma fôrma de pão no freezer por 1 hora.
2. Depois que a fôrma estiver gelada, bata os morangos em um processador de alimentos até obter uma textura cremosa.
3. Em outra tigela, bata o creme de leite na batedeira em velocidade média-alta até formar picos firmes, para fazer o chantilly.
4. Coloque a polpa de morango batida em uma tigela grande.
5. Misture cerca de uma xícara de chantilly de cada vez no morango batido, até ficar homogêneo.
6. Repita o processo até que todo o chantilly tenha sido incorporado ao morango.
7. Adicione o leite condensado e a baunilha e misture bem até ficar homogêneo.
8. Despeje o creme na fôrma gelada e tampe.
9. Deixe no freezer por 6 horas.

Rendimento	Tempo de preparo	Tempo de refriamento
12 porções	15 minutos	6 a 7 horas

500 g de morangos
2 xícaras de creme de leite fresco gelado
1 lata de leite condensado
1 colher (chá) de extrato de baunilha

RECEITAS DE VERÃO

Bebidas para qualquer estação

Em qualquer festa de fim de ano, as bebidas desempenham um papel quase tão importante quanto os pratos servidos. Para pessoas de todas as idades, há uma variedade de bebidas magicamente deliciosas, que podem acompanhar qualquer receita deste livro. Um brinde!

BEBIDAS PARA QUALQUER ESTAÇÃO

Cerveja amanteigada

Uma das bebidas favoritas do mundo bruxo, esta receita de "cerveja" pode ser servida quente ou fria, para que você possa se deliciar com um bom caneco desta delícia caramelada o ano todo.

<u>Versão quente</u>

1. Leve uma panela média ao fogo médio e derreta a manteiga e os caramelos de leite até virar um líquido homogêneo.
2. Adicione o açúcar mascavo e o xarope de bordo e mexa até dissolver bem.
3. Em seguida, acrescente 4 xícaras de leitelho. Continue mexendo até o leitelho aquecer.
4. Sirva em uma caneca refratária.
5. Cubra com chantilly e decore com pedacinhos de caramelo de leite.

<u>Versão gelada</u>

1. Leve uma panela média ao fogo médio e derreta a manteiga e os caramelos de leite até virar um líquido homogêneo.
2. Adicione o açúcar mascavo e o xarope de bordo e mexa até dissolver bem.
3. Coloque o líquido quente em um liquidificador.
4. Adicione 3 xícaras de leitelho e o gelo. Bata até ficar cremoso.
5. Sirva em copos gelados.
6. Cubra com chantilly e decore com pedacinhos de caramelo de leite.

<u>Rendimento</u>	<u>Tempo de preparo</u>	<u>Tempo de cozimento</u>
5 a 6 porções	5 a 10 minutos	5 a 7 minutos

1 xícara de manteiga
1½ xícara de caramelos de leite, mais alguns para decorar
2 colheres (sopa) de açúcar mascavo claro
3 colheres (sopa) de xarope de bordo
3 a 4 xícaras de leitelho (*buttermilk*) (variável nas versões quente ou gelada)
Chantilly
2 xícaras de gelo, para a versão gelada
Copos refrigerados, para a versão gelada

Suco de abóbora

O suco de abóbora, um clássico que todo mundo ama, é servido em praticamente todas as refeições no castelo, assim como no famoso trem vermelho a vapor. Esta receita fica ainda mais deliciosa se for servida bem gelada e com cubos de gelo.

1. Em um jarro grande de vidro com tampa hermética, misture todos os ingredientes.
2. Agite vigorosamente por 2 minutos ou até que tudo esteja bem homogêneo.
3. Deixe na geladeira por uma noite para apurar o sabor da abóbora. Agite bem antes de servir e sirva com gelo.

Rendimento	Tempo de preparo	Tempo de refriamento
6 porções	5 minutos	1 hora ou de um dia para o outro

2 xícaras de suco de maçã
1½ xícara de suco de pêssego
¾ de xícara de purê de abóbora
¼ de colher (chá) de canela em pó
¼ de colher (chá) de noz-moscada ralada
¼ colher (chá) mix de especiarias (canela, noz-moscada, cravo e gengibre em pó)
2 colheres (chá) de extrato de baunilha

Uísque flamejante +18

Com esta receita, você vai preparar um drink picante à base de uísque, que fará você e seus amigos sentirem uma agradável queimação por causa do toque de tabasco. É necessário deixar a canela em infusão no uísque por vários dias para apurar o sabor, por isso é importante planejar com antecedência. Essa é só para adultos!

1. Misture o uísque, a canela e o açúcar mascavo em um recipiente fechado.
2. Deixe curar por 4 a 7 dias em um local fresco e escuro.
3. Logo antes de servir, adicione ¼ de colher (chá) de tabasco e deixe descansar por 2 minutos antes de beber.

Rendimento	Tempo de preparo	Tempo de cura
1 dose	5 minutos	4 a 7 dias

30 ml de uísque (cerca de 1 dose)
2 paus de canela
2 colheres (sopa) de açúcar mascavo
¼ de colher (chá) de tabasco

BEBIDAS PARA QUALQUER ESTAÇÃO

Sorte líquida

+18

Você está buscando toda a ajuda possível antes de um grande jogo? Nós entendemos. Esse coquetel é muito saboroso e, após uma dose, a presença do álcool fará você se sentir a pessoa mais sortuda do pedaço. Mas tenha cautela!

Assim como a poção que inspirou este coquetel, o consumo excessivo dessa bebida da sorte pode levar à imprudência, tontura e comportamentos tolos!

1. Misture tudo, exceto a casca e a fatia de laranja, em uma coqueteleira com gelo.
2. Agite vigorosamente por 30 segundos.
3. Peneire/coe em um copo pequeno de sua preferência.
4. Passe a casca de laranja em volta da borda do copo e decore com uma rodela de laranja, como preferir.

Rendimento
1 porção

Tempo de preparo
2 minutos

60 ml de uísque
15 ml de xarope de horchata ou de xarope de amêndoas
1 pitada de cardamomo
Um fio de xarope de bordo
½ colher (chá) de suco de limão siciliano
15 ml de licor curaçao de laranja
Casca de laranja e fatia de laranja para decorar

BEBIDAS PARA QUALQUER ESTAÇÃO

Água de Gilly

Essa bebida refrescante não vai fazer você desenvolver brânquias e respirar debaixo d'água, mas é inspirada na planta mágica que tem essas propriedades.

1. Esprema o limão, descasque o pepino e corte as fatias de limão siciliano antes de colocar a água com gás no copo.
2. Quando os ingredientes frescos estiverem preparados, coloque a água mineral e o mel em um copo grande e misture.
3. Adicione os ingredientes frescos e o gelo e mexa mais um pouco.
4. Sirva imediatamente para manter a efervescência e o frescor.

<u>Rendimento</u> <u>Tempo de preparo</u>
1 porção 5 a 10 minutos

240 ml de água com gás gelada
½ colher (chá) de mel
Suco de ½ limão
Casca de ½ pepino pequeno
2 fatias de limão siciliano
3 a 4 cubos de gelo

BEBIDAS PARA QUALQUER ESTAÇÃO

Soda com xarope de cereja

Esta receita é inspirada na bebida favorita da professora de Feitiços. Para uma finalização autêntica e festiva, decore com um guarda-chuva.

1. Coloque a água com gás em um copo de 400 a 500 ml.
2. Adicione a cereja em calda e mexa bem.
3. Adicione o açúcar e mexa mais uma vez.
4. Se quiser, finalize com chantilly.

<u>Rendimento</u>
1 porção

<u>Tempo de preparo</u>
3 minutos

240 ml de água com gás gelada
¼ de xícara de cereja em calda
1 colher (chá) de açúcar
Uma dose de chantilly para cobertura (opcional)

Suga-almas

+18

Esse drink de café com especiarias tem um efeito poderoso, sobretudo se você decidir acrescentar uma dose de licor de café, licor de uísque e/ou vodka. Mas lembre-se de não deixar a sua alma sair do corpo depois do último gole!

1. Prepare o xarope de especiarias. Misture todos os ingredientes em uma panela e deixe cozinhar em fogo médio-alto. Mexa sem parar até o líquido começar a ferver, para dissolver o açúcar completamente. Retire do fogo e deixe esfriar por 10 minutos antes de coar as especiarias. Reserve.
2. Enquanto o xarope esfria, misture o café ou o chá com o leite achocolatado em uma jarra ou coqueteleira com tampa hermética.
3. Depois de coar o xarope, misture 1 xícara para cada 2 porções na jarra em que você colocou o café e o achocolatado.
4. Agite bem até ficar bem homogêneo.
5. Leve o coquetel à geladeira. Deixe gelar durante a noite (aproximadamente 8 horas) antes de servir.

Rendimento	Tempo de preparo	Tempo de cozimento	Tempo de espera	Tempo de resfriamento
2 porções	10 minutos	4 a 5 minutos	10 minutos	De um dia para o outro

Xarope de especiarias

2 xícaras de água
⅔ a 1 xícara de açúcar, a gosto
2 paus de canela
2 colheres (chá) de extrato de baunilha
2 colheres (chá) de sementes de anis
1 colher (chá) de noz-moscada

Suga-almas

2 xícaras de café de torra média
OU 2 xícaras de chá preto
2 xícaras de leite achocolatado
1 xícara de xarope de especiarias

BEBIDAS PARA QUALQUER ESTAÇÃO

Poção de gelo

Combata o calor (seja de um fogo mágico que protege uma pedra muito importante ou qualquer outra fonte de calor) com esta bebida refrescante com sabor de melancia. Embora não sirva para ajudar ninguém a atravessar uma parede de fogo, com certeza vai ajudar você a se refrescar em um dia quente.

1. Para preparar a calda de morango, misture o açúcar e a água em uma panela média e leve para aquecer em fogo médio. Deixe cozinhar até o açúcar dissolver. Adicione os pedaços de morangos congelados (2 a 4 morangos de cada vez). Mexa até que cada pedaço se desfaça. Em seguida, acrescente a próxima porção de morangos e repita até que todos os morangos tenham sido adicionados. Leve ao fogo baixo e cozinhe sem parar de mexer. Retire do fogo e deixe esfriar completamente antes de preparar a poção.
2. No liquidificador, bata a melancia até obter um líquido grosso, mas fluido.
3. Coloque o suco de melancia em uma jarra grande e adicione a água e a calda de morango.
4. Encha os copos com gelo e sirva o suco.
5. Decore com uma fatia de morango fresco ou melancia, ou ainda um raminho de hortelã, e sirva.

Tempo de preparo	Tempo de cozimento	Tempo de resfriamento
15 minutos	7 a 9 minutos	1 hora

Calda de morango

½ xícara de açúcar
3 colheres (sopa) de água
350 g de morangos congelados

Poção de gelo

6 xícaras de melancia picada e sem sementes
2 xícaras de água
Calda de morango
Gelo
Fatias de morango, fatias de melancia ou raminhos de hortelã, para decorar

Chocolate quente

Não há nada mais gostoso do que se aconchegar com uma xícara de chocolate quente durante um dia frio de inverno. Você pode acrescentar diversas coberturas para deixar a sua poção ainda mais mágica.

1. Em uma panela, misture o açúcar, o cacau em pó, o sal e a água. Misture em fogo médio-baixo e deixe ferver.
2. Deixe ferver por mais 2 minutos e, em seguida, acrescente o leite.
3. O líquido precisa aquecer até atingir a temperatura em que será servido, mas sem ferver.
4. Retire do fogo e acrescente o extrato que desejar usar.
5. Bata até ficar espumoso e sirva em copos ou canecas.
6. Se desejar, decore com mini marshmallows, chantilly, pau de canela ou pirulitos decorativos.

Rendimento
1 porção

Tempo total
12 a 15 minutos

½ xícara de açúcar
¼ de xícara de cacau em pó
1 pitada de sal
⅓ de xícara de água quente
4 xícaras de leite
1 colher (chá) de extrato (baunilha, hortelã ou amêndoas)
mini marshmallows, chantilly, paus de canela ou pirulitos em forma de bengala para decorar

Suco de laranja com gás

Inspirado pelas travessuras dos nossos gêmeos favoritos e seus fogos de artifício, essa bebida efervescente tem o sabor de um delicioso refresco de laranja – mas ainda melhor.

1. Coloque o suco de laranja em uma tigela com diâmetro suficiente para acomodar a boca dos copos.
2. Em outra tigela do mesmo tamanho, misture a canela e o açúcar.
3. Mergulhe as bocas de cada copo primeiro no suco de laranja e, em seguida, na mistura de açúcar e canela. Reserve os copos.
4. Em seguida, em um jarro ou garrafa, coloque o refrigerante de laranja, reservando 2 xícaras, juntamente com o creme de leite, a água com gás e o extrato de baunilha. Mexa ou agite vigorosamente.
5. Adicione algumas colheres de chantilly a gosto e mexa ou agite novamente.
6. Em seguida, adicione as 2 xícaras restantes de refrigerante de laranja para aumentar a efervescência.
7. Despeje cuidadosamente o suco nos copos com as bordas decoradas e finalize com uma fatia de laranja, casca de laranja, fava de baunilha ou chantilly.

<u>Rendimento</u>
10 porções

<u>Tempo de preparo</u>
10 minutos

Suco de laranja
Canela em pó
Açúcar
2 litros de refrigerante de laranja
2 xícaras de água com gás
1/2 xícara de creme de leite fresco
1 colher (sopa) de extrato de baunilha
Rodelas de laranja, casca de laranja ou fava de baunilha para decorar
Chantilly (opcional) para servir

BEBIDAS PARA QUALQUER ESTAÇÃO

Coquetel de poção polissuco

+18

Depois de alguns goles, esse coquetel saboroso fará você se sentir uma pessoa totalmente diferente! Esta receita foi pensada para parecer recém-saída de um caldeirão borbulhante, mas com certeza tem um sabor muito mais agradável do que a poção que o nosso trio provou durante o segundo ano na escola.

1. Despeje a vodka numa taça coupé e adicione o sorvete.
2. Em seguida, despeje o refrigerante de limão sobre o sorvete.
3. Adicione o bitter a gosto.
4. Se desejar, adicione grenadine, despejando nas costas de uma colher, ou, alternativamente, acrescente o leite de coco e misture bem.
5. Antes de servir, decore a taça a gosto, com uma rodela de frutas cítricas secas ou um raminho de hortelã.

Rendimento
1 porção

Tempo de preparo
5 minutos

60 ml de vodka
1 bola de sorvete de limão
60 ml de refrigerante de limão
2 a 3 pitadas de bitter
1 colher (chá) de grenadine ou 2 colheres (chá) de leite de coco (opcional)
Fatias de frutas cítricas secas e raminhos de hortelã (opcional) para decorar

Conclusão

Chegamos ao fim da nossa jornada. Esperamos que vocês tenham gostado das receitas apresentadas neste livro e esperamos que elas tragam um toque mágico aos seus encontros e celebrações. Como a nossa autora favorita disse certa vez: "Hogwarts estará sempre lá para receber você de volta", e assim esperamos que este livro de receitas torne a volta para casa ainda mais deliciosa.

Agradecimentos

Agradecimentos especiais a Justin Haferman por criar a incrível receita da sorte líquida e Andrew C. Anderson pela receita de cerveja amanteigada e por me conectar com Justin. Um salve para Cyndi Lublink por transformar sua cozinha em uma cozinha de testes para essas delícias incríveis (e para sua mãe pela receita incrível de bolo de cenoura!).

Agradeço a Helen Reed e às garotas do Galentine, que me ajudaram a descobrir as receitas da poção polissuco e do uísque picante. Obrigada a David e Kitty Hobgood e Chris Hagberg por todo amor e apoio.

Obrigada a Sarah Bowler, Katrina Whaley, Bee George, Adam Estes, Nancy Richardson e Christy Gallinger por ajudar a decidir quais receitas desenvolver e incluir nesta deliciosa coleção.

Por fim, um agradecimento especial ao meu irmão, Jeff Kirby, à minha mãe, Nancy Mock, e ao meu incrível marido, Matt, por serem cobaias tão dispostas a experimentar as muitas receitas, saboreando e dando sugestões durante os meses de desenvolvimento do livro.

Sobre a autora

Rita Mock-Pike é romancista, escritora e jornalista freelancer. Já publicou obras de vários gêneros, tanto como ghostwriter quanto obras autorais. Ela mora em Palatine, Illinois.

Este livro foi composto em Bulmer papel offset 120 g pela gráfica Coan em setembro de 2023.